Walk around spa town,
KUSATSU & IKAHO!

# COLOR+ PLUS

## KUSATSU IKAHO
### SHIMA MINAKAMI

JN027024

Ready to go!

ヒラケ！
クサツ・イカホ
タイカン・
ジャーニー！

グッドモーニング！
今日はナニスル？

#湯畑　≫P.31

#もぎたてフルーツ　≫P.24

#西の河原露天風呂　≫P.35

#だるまの聖地　≫P.97

#温泉旅館　#朝ごはん　≫P.50

2

come on!

#フルーツサンド ≫P.25

#レトロカフェ ≫P.82

#たんばらラベンダーパーク ≫P.89

#伊香保みやげ ≫P.62・68

まるで絵画のような
すてきな風景に導かれて。

#河鹿橋 ≫P.63

古くから人気の草津・伊香保名物グルメ

そば、うどん、温泉まんじゅう。

（右から）カラフルなパッケージがかわいい「草津温泉 湯あがりかりんと」（≫P.46）、こけしの絵付け体験もできる「卯三郎こけし」（≫P.78）、「草津ガラス蔵」の前にはレトロなポストが（≫P.44）、「地球屋」のつるし飾りは圧巻（≫P.73）

ときめきに出会える！
雑貨とおやつのワンダーランド。

#JAMCOVER VILLAGE ≫P.26

（右から）エメラルドグリーンに輝く「草津ガラス蔵」のガラス製品（▶P.44）、草津の「熱乃湯」で伝統の湯もみを体験（▶P.42）、本格イタリアンが味わえる「リストランテ アル・ロドデンドロ」（▶P.36）、「GGC高崎本店」のハンバーグ（▶P.23）、群馬屈指の絶景スポット「奥四万湖」（▶P.20）

キュートなだるまみくじで運試し。

#山名八幡宮 ▶P.96

さぁ、明日は
何に出会えるかな。

#湯畑ライトアップ ≫P.31

(右から) 歴史ある一軒宿「法師温泉 長寿館」の玉城乃湯 (≫P.102)、茅葺き屋根の家屋で囲炉裏会席が楽しめる「かやぶきの郷薬師温泉 旅籠」(≫P.103)、おもてなしの心が行き届いた老舗旅館「ての字屋」(≫P.48)、草津の「だんべえ茶屋」は21時まで営業。食後や風呂上がりのデザートに (≫P.41)

018 |  022 |  026 |  031 |

042 |  044 |  046 |  057 |

What do you feel like doing?

## 016 KUSATSU & IKAHO MAKE ME HAPPY
いま、草津 伊香保 四万 みなかみ でハッピーになれること。

Kusatsu
草津

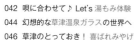

060

072

077
082

089

092

094

097

| icon | ☎ 電話番号 | 休 休業日 | ⏰ 営業時間 | ¥ 料金 | 🛏 客室数 | 📍 所在地 | 🚃 アクセス | 🅿 駐車場 |
| --- | --- | --- | --- | --- | --- | --- | --- | --- |

HP ホームページアドレス　MAP 地図掲載ページ　ⓇR予約がおすすめ

※本書のご利用にあたりましては、P.110の〈本書ご利用にあたって〉をご確認ください。

#高崎だるま #縁起モノ
📍山名八幡宮 》P.96

#伊香保温泉 #和風旅館
📍お宿 玉樹 》P.75

#レトロカフェ #スイーツ
📍茶房ぐーてらいぜ 》P.40

#フルーツ狩り #新鮮
📍みなかみフルーツランド モギトーレ 》P.25

WELCOME TO

Kusatsu 草津
Ikaho 伊香保
Shima,Minakami 四万・みなかみ
Get Ready!

#宝川温泉 #大露天風呂
📍宝川温泉 宝川山荘 》P.94

#雑貨 #おやつ
📍JAMCOVER VILLAGE 》P.26

#こけし #キュート
📍卯三郎こけし 》P.78

#上州牛 #ハンバーグ
📍GGC高崎本店 》P.23

## 四万

**レトロさんぽ** 》P.80

名物旅館も！

自然に囲まれた風情たっぷりの温泉地をのんびり散策♪

## みなかみ

**アクティビティ** 》P.90

スリル満点！

みなかみの豊かな自然を生かした遊びをエンジョイ！

## 高崎

**だるまSPOT** 》P.96

生産量は日本一

群馬名物、縁起だるまにまつわるスポットで開運祈願。

## 伊香保

**石段街** 》P.60

ノスタルジック

365段の石段沿いに、レトロな店や旅館がずらり。どこか懐かしい雰囲気を楽しもう。

**伊香保神社** 》P.63

縁結びスポット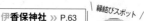

石段街の頂上にある神社。縁結びや子宝にご利益があるといわれ、古くから信仰を集める。

**➕more Area**

**榛名湖** 》P.72

ドライブでGO！

榛名山のふもとに広がる湖。多彩な乗り物で周遊しよう。

## 草津

**湯畑** 》P.31

草津のシンボル

草津温泉の中心にある源泉。豊富な湯が滝となって流れ落ちる、草津のマストスポット。

**熱乃湯** 》P.42

湯もみ体験

唄に合わせて高温の湯をかき混ぜ冷ます「湯もみ」を見学できる。体験もできるのでぜひ。

**➕more Area**

**軽井沢** 》P.52

高原リゾート

草津から車で行ける人気の避暑地。買い物＆グルメが充実。

PICK UP!

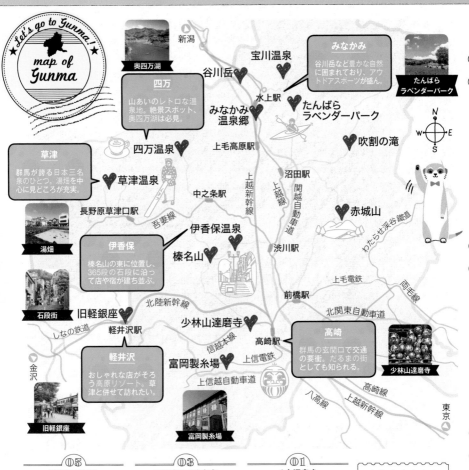

Let's go to Gunma! ★
map of Gunma

**奥四万湖**

新潟

**宝川温泉**

**谷川岳**

**みなかみ**
谷川岳など豊かな自然に囲まれており、アウトドアスポーツが盛ん。

水上駅

**たんばら
ラベンダーパーク**

**四万**
山あいのレトロな温泉スポット、絶景スポット、奥四万湖は必見。

**みなかみ
温泉郷**

**たんばら
ラベンダーパーク**

**四万温泉**

上毛高原駅

**吹割の滝**

N
W E
S

**草津**
群馬が誇る日本三名泉のひとつ。湯畑を中心に見どころが充実。

**草津温泉**

沼田駅

関越自動車道

上越新幹線
上越線

中之条駅

**赤城山**

わたらせ渓谷鐵道

長野原草津口駅

吾妻線

**伊香保温泉**

渋川駅

**湯畑**

**榛名山**

上毛電鉄

両毛線

**伊香保**
榛名山の東に位置し、365段の石段に沿って店や宿が建ち並ぶ。

前橋駅

北関東自動車道

**石段街**

北陸新幹線

**少林山達磨寺**

高崎駅

**高崎**
群馬の玄関口で交通の要衝。だるまの街としても知られる。

**旧軽銀座**

信越本線

上信電鉄

**少林山達磨寺**

しなの鉄道

軽井沢駅

**富岡製糸場**

金沢

**軽井沢**
おしゃれな店がそろう高原リゾート。草津と併せて訪れたい。

上信越自動車道

八高線

高崎線

上越新幹線

東京

**旧軽銀座**

**富岡製糸場**

---

## 05 電車やバスの時刻に注意!

電車やバスは1～2時間に1本ほどしか運行していないところもある。特に帰りはバスを逃すと致命的な場合もあるので、事前に時刻を確認しよう。

## 03 1エリアのみなら電車orバスで行ける

行くエリアが絞られている場合は、電車やバスなど公共交通機関でアクセス可能。ただし本数は少ないので注意。時間もかかるので余裕をもって出発を。

## 01 4大温泉を軸にまわろう!

まずは草津、伊香保、四万、みなかみの4大エリアのどこに行くかを決めよう。そこからさらに移動する場合は、事前に交通手段をしっかり確認して。

## 06 冬場は雪道に気をつけて

4大温泉地をはじめ、群馬の山間部は冬になると雪が降るエリアが多い。車の場合は雪道走行可能な装備で。不安な場合は公共交通機関に切り替えよう。

## 04 2エリア以上に行くならクルマが便利

立ち寄りたいところがある場合や、2エリア以上めぐりたい場合は、車がおすすめ。時間を気にせず自由に移動できる。繁忙期は渋滞に気をつけて。

## 02 1泊2日以上でプランニングしよう

移動に時間がかかるので、日帰りは難しい。せっかくなら温泉旅館に宿泊しよう。1つのエリアに絞るなら1泊、2つ以上のエリアなら2泊はしたい。

## 旅のキホン

温泉地や見どころが広範囲に点在している群馬。快適に旅を楽しむために知っておきたい6つのキホンをピックアップ。旅の目的やプランに合わせて交通手段をチョイスしよう。

## caution｜エリアによって気候が違うので注意！

南部に平坦地が広がり、北部は山地が多くを占めている群馬。高崎など南部では、夏は雨が多く蒸し暑い。北部の夏は涼しく過ごしやすいが、山地なので天気が変わりやすい。冬は雪が降るので、特に車で行く場合には注意が必要。

## season｜花の時季と紅葉シーズンがおすすめ

自然豊かな群馬には、桜、ツツジ、ラベンダーなど花の名所が点在。ベストシーズンに合わせて旅行を計画するのもいい。山間部の木々が見事に色づく秋も人気のシーズン。見ごろはエリアによって少しずつ異なるので、事前に確認を。

## caution｜火山の最新情報はHPでチェック！

エメラルドグリーンの湯釜が人気の草津白根山。2024年3月現在、火山活動レベルの上昇により、その周辺は立ち入り禁止になっている。火山の状況は刻々と変化するので、最新の情報を必ず確認してからでかけよう。

## eat｜海なし県だからこそ！山の幸＆フルーツを楽しもう

群馬は豊富な水源、長い日照時間、標高差のある耕地など環境に恵まれ、野菜やフルーツの収穫量は全国屈指。旬の食材をふんだんに使った料理や、採れたてをいただけるフルーツ狩りで、そのおいしさを味わって。

## spa｜群馬は多彩な温泉が点在する温泉天国

日本一の自然湧出量を誇る草津温泉をはじめ、魅力的な温泉地が多くある群馬。宿泊施設のある温泉地は100を超えるといい、立地や泉質など個性も豊か。風情ある老舗の温泉旅館はもちろん、共同浴場や秘湯など、温泉めぐりを楽しみたい。

## shop｜おみやげにはかわいい伝統工芸品を

淡い青色が特徴の草津温泉ガラスや、木のぬくもりを感じるこけし、高崎のだるまなど、伝統を守りつつ進化も続ける群馬の工芸品。おみやげにはもちろん、自分用にもゲットしたい。体験できる施設もあるので挑戦しよう。

## eat｜名物のうどん＆そばもマストで食べたい

日本三大うどんのひとつ、水沢うどんや、名水を使った香り高いそばは、"粉もの"文化が根付いてきた群馬の名物。エリアにより個性が異なるので、食べ比べしてみるのもおすすめ。

## spa｜日帰り温泉施設で気軽に湯浴み

草津、伊香保など主要な温泉地には、日帰りで楽しめる入浴施設が充実。開放的な露天風呂や多彩な湯を備える入浴施設のほか、日帰り利用OKの宿もあり、気軽に名湯を満喫できる。なかにはランチや部屋での休憩が付いた贅沢なプランもある。

## shop｜人気のご当地キャラ「ぐんまちゃん」グッズがあちこちに！

ご当地キャラの人気投票で1位を獲得した群馬県のマスコット、ぐんまちゃん。その人気は群馬県中に広がっており、ぐんまちゃんのイラストを使ったお菓子や雑貨などのグッズが県内各所で購入できる。そのかわいい表情に癒されること間違いなし！

©群馬県ぐんまちゃん

## route｜渋滞や交通規制もあるので、クルマ移動は余裕をもって

車で行く場合は、道路や渋滞の最新情報をチェックしよう。特に大型連休などは、高速も一般道も渋滞することが多い。イベントや工事、雪などによる交通規制が行なわれている場合は、迂回ルートも確認しよう。

# SEASONAL CALENDAR

| | | | | | | | | | | | |
|---|---|---|---|---|---|---|---|---|---|---|---|
| 3月 | 2月 | 1月 | 12月 | 11月 | 10月 | 9月 | 8月 | 7月 | 6月 | 5月 | 4月 |

- 雪化粧をした温泉街がすてき（2月）
- 紅葉が見ごろに！（11月）
- 夏のイベントが盛りだくさん！（8月）
- フルーツ狩りの最盛期に突入（6月）

## 旬の食材

- いちご（みなかみ・沼田・中之条ほか）
- りんご（渋川・みなかみ・沼田）
- いちご（みなかみ・沼田・中之条ほか）
- 梨（高崎・前橋）
- キャベツ（嬬恋ほか）
- 下仁田ねぎ（富岡・下仁田ほか）
- ぶどう（みなかみ・沼田）
- さくらんぼ（みなかみ・沼田）
- たらの芽（渋川・高崎・富岡）
- こんにゃくいも（渋川・沼田・富岡ほか）
- ブルーベリー（渋川・みなかみ・沼田）
- たらの芽（渋川・高崎・富岡）

> 県内の随所で栽培され、いちご狩りができるところも多い。糖度が高い「やよいひめ」は群馬生まれの人気品種

> 全国生産量の95%を占める群馬の特産品。さまざまなこんにゃく製品が製造され、こんにゃくのテーマパークもある

## 四季の花

- 桜（赤城・前橋ほか）
- ロウバイ（渋川・安中）
- レンゲツツジ（赤城）
- 桜（赤城・前橋ほか）
- フジ（前橋・藤岡）
- 紅葉（伊香保）
- ラベンダー（沼田）
- コスモス（北軽井沢・高崎ほか）
- ワタスゲ（芳ヶ平湿原）

> 河鹿橋の紅葉は伊香保が誇る絶景スポット。寒暖差が激しいためきれいに色づく

## 日の出

| 6:15 | 6:46 | 6:55 | 6:36 | 6:06 | 5:38 | 5:14 | 4:50 | 4:29 | 4:28 | 4:51 | 5:31 |
|---|---|---|---|---|---|---|---|---|---|---|---|

## 日の入

| 17:38 | 17:09 | 16:39 | 16:29 | 16:48 | 17:28 | 18:13 | 18:50 | 19:06 | 18:56 | 18:31 | 18:05 |
|---|---|---|---|---|---|---|---|---|---|---|---|

## 気温

| | 3月 | 2月 | 1月 | 12月 | 11月 | 10月 | 9月 | 8月 | 7月 | 6月 | 5月 | 4月 |
|---|---|---|---|---|---|---|---|---|---|---|---|---|---|
| max | 13.5 | 10.0 | 9.1 | 11.5 | 16.4 | 21.7 | 27.3 | 31.7 | 30.5 | 26.8 | 24.2 | 19.3 |
| min | 3.1 | 0.0 | -0.5 | 1.9 | 6.9 | 13.2 | 19.3 | 23.0 | 22.0 | 18.0 | 13.6 | 8.2 |

| 3月 | 2月 | 1月 | 12月 | 11月 | 10月 | 9月 | 8月 | 7月 | 6月 | 5月 | 4月 |
|---|---|---|---|---|---|---|---|---|---|---|---|

- 冬は多くの温泉地が雪に包まれる。寒さは厳しいが、露天風呂からは風流な雪見風呂が楽しめる
- 温泉地の朝や夜は急激に冷えることも。少し厚めの上着を用意しよう。下旬からは紅葉シーズン
- 草津やみなかみなど山間部は平地に比べ涼しく過ごしやすい。天気が急変することもあるので注意
- 赤城山麓の桜が見ごろに。朝夕はまだ冷えるので、羽織るものがあると安心

## 季節のイベント

**1月**
- 6・7日●高崎 少林山七草大祭だるま市
- 下旬～2月上旬●みなかみ かがよふあかり竹灯籠

**3月**
- 上旬●草津 草津温泉「冬花火」

**9月**
- 中旬●みなかみ New Acoustic Camp
- 18～20日●伊香保 伊香保まつり

**12月**
- 上旬～下旬●榛名湖 榛名湖イルミネーションフェスタ

**8月**
- 1・2日●草津 草津温泉感謝祭
- 上旬●榛名湖 榛名湖花火大会
- 上旬●伊香保 伊香保ハワイアンフェスティバル
- 中旬●渋川 渋川山車まつり
- 下旬●高崎 高崎まつり

**4月**
- 上旬～下旬●前橋 赤城南面千本桜まつり
- 第1日曜●みなかみ 谷川岳山開き

**7月**
- 上旬●前橋 前橋七夕まつり
- 中旬～8月下旬●四万 ちょうちんウォーク
- 下旬●渋川 日本のまんなか渋川へそ祭り

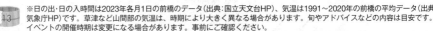

13

※日の出・日の入時間は2023年各月1日の前橋のデータ（出典：国立天文台HP）、気温は1991～2020年の前橋の平均データ（出典：気象庁HP）。草津など山間部の気温は、時期により大きく異なる場合があります。旬やアドバイスなどの内容は目安です。イベントの開催時期は変更になる場合があります。事前にご確認ください。

1泊2日 草津＋軽井沢or四万をセレクト

草津＋α たっぷり満喫 PLAN

Let's Go!

まずは王道の草津をエンジョイ！2日目は車で行きやすい軽井沢か四万温泉へ。

## 1日目　まずは草津の温泉街を散策！

POINT
自由に移動できる車で出発。東京から高速を使って3時間ほどで着く。温泉街は徒歩でまわろう

**10:50** 草津温泉到着

熱めのお湯で体がポカポカ♪

薬朝 》P.32

湯けむり亭 》P.32

湯畑 》P.31
到着したら最初に行きたい草津のシンボル。並ぶ湯樋や流れ落ちる湯滝を眺めたら、周辺を散策

**11:00** 湯畑周辺をぐるり

Lunch!

**12:00** 西の河原通りでランチ＆ショッピング

情緒あふれる店が並ぶメインストリート♪

草津煎餅本舗 》P.34

笑屋うどん 》P.38

YUMMY!

かわいいかりんとうをおみやげに♡

草津温泉 湯あがりかりんと 》P.33・46

**14:00** 西の河原露天風呂で癒されTIME♡

西の河原公園 》P.35

湯川が流れる公園をのんびり歩こう

公園内にある露天風呂は開放感たっぷり！

西の河原露天風呂 》P.35

**16:00** 熱乃湯で湯もみ体験♪

熱乃湯 》P.42

お豆の小宿 花いんげん 》P.50

草津の伝統、湯もみのショーと体験が楽しめる施設。すてきな旅の思い出に！

草津の宿に宿泊

2日目は 軽井沢 or 四万 をチョイス！

## 【プラン2】 **2日目** 四万でさんぽ&絶景を楽しむ

POINT
温泉街は徒歩で、奥四万湖までは車で行こう

(11:00) 四万の温泉街をぶらり

群馬のご当地おやつ

積善館 >> P.80

焼まんじゅう島村 >> P.81

*Lunch!*

(13:00) おしゃれカフェでランチ

Shima Blue cafe >> P.83

(14:30) 奥四万湖の幻想的な色に感動!

きれいなコバルトブルーに目が釘付け

奥四万湖 >> P.20

渋川伊香保IC 🚗

## 【プラン1】 **2日目** 軽井沢でショッピング

POINT
車窓の風景を楽しみながら、約1時間のドライブ

(10:00) 高原ドライブで軽井沢へ

高原キャベツ畑 >> P.53

火山が生んだ景勝地

鬼押出し園 >> P.53

*Lunch!*

(13:00) 雰囲気も楽しむ!軽井沢ランチ

トラットリア・プリモ >> P.56

(15:00) 旧軽銀座でおみやげをGET

ブランジェ浅野屋 軽井沢旧道本店 >> P.54

yoito >> P.54

ラベルがキュート!

中山のジャム >> P.54

碓氷軽井沢IC 🚗

---

こっちも**王道!**

# 伊香保+α 1泊2日PLAN

POINT
東京から伊香保までは車で2時間ほど。2日目は水沢うどん街道を通り高崎へ

## **2日目** 名物うどんと高崎を満喫!

*Lunch!*

(11:00) 水沢うどん街道でランチ

名物うどんをツルッと♪

清水屋 >> P.67

彩房 田丸屋 >> P.66

(13:00) かわいい雑貨&おやつをGET

JAMCOVER VILLAGE >> P.26

全部欲しくなっちゃう♡

(15:00) 高崎のだるまSPOTをめぐる!

山名八幡宮 >> P.96

だるまのふるさと大門屋 >> P.97

高崎IC 🚗

## **1日目** 伊香保の人気SPOTをめぐる

(10:00) グリーン牧場で動物とふれあう

伊香保グリーン牧場 >> P.70

*Lunch!*

(13:00) 風情たっぷりの石段街さんぽ&ランチ

和モダン雑貨をゲット

大正浪漫 黒船屋 >> P.64

民芸 山白屋 >> P.62・68

石段街 >> P.60

伊香保神社 >> P.63

(15:00) 伊香保神社で縁結び祈願

(16:00) 絵になるSPOT、河鹿橋へ

河鹿橋 >> P.63

伊香保の宿に宿泊

いま、草津 伊香保 四万 みなかみで
ハッピーになれること。

Kusatsu &
Ikaho
make me
Happy

卯三郎こけし
うさぶろうこけし
伊香保周辺 ≫P.78

変わりゆく時代に変わらぬ魅力。

それが日本の温泉街！

湯めぐり、グルメ、伝統工芸、

すんきな出会いが待ってるね。

## 140年間変わらぬ風格あるたたずまい

**History**
明治初期の創業から140年以上、草津の歴史を見守ってきた。たたずまいは創業当時から変わらない

1

## 著名な文人にも愛された総檜造りの建築美

**History**
江戸前期創業。本館は大正時代に建てられた。看板は明治時代の思想家・ジャーナリスト、徳富蘇峰の直筆

一度は泊まってみたい！
憧れの老舗宿

# レトロクラシック × 温泉旅館 で

## 特別なひとときを

EDITOR's ADVICE

Editor
Miki Hashimoto

草津と伊香保を代表する2つの老舗旅館をご紹介！時を超えて愛される宿で、極上の滞在を…♡

「趣ある温泉旅館でお風呂や料理に癒されたい」。そんな願いを叶えてくれる宿が、群馬にはいっぱい。なかでも草津と伊香保、2つの人気温泉地を代表する老舗旅館「奈良屋」と「横手館」は、まるでタイムスリップしたかのような格式たっぷりの空間が魅力。歴史ある名湯を心ゆくまで楽しもう。

1

Beautiful ♡

## クラシック旅館

### 奈良屋 ならや

湯畑近くにたたずむ明治創業の老舗旅館。内湯の「将軍家御汲上の湯」を満たすのは、草津温泉でも最古の源泉、白旗の湯。デザイナーズルームもあり、リピーターが多く訪れる。

**草津** ▶ **MAP** 付録 P.5 C-2

📞0279-88-2311 　IN 14:00 　OUT 11:00
💴1泊2食付2万7000円〜 　🛏和25、和洋11
📍草津町草津396 　🚌草津温泉バスターミナルから徒歩6分 　🅿20台

1. 重厚な構えが印象的　2. デザイナーズルーム、泉游亭の「さくら」　3. 1階にはカフェ「喫茶去」（▶P.41）を併設。夜は宿泊者専用のバーに　4. 館内は畳敷き。素足で過ごせる　5. 旬の味覚たっぷりの夕食。個室か部屋で楽しめる　6. 大浴場「将軍家御汲上の湯」

風呂の湯量と湯温をコントロールする職人「湯守」が最良の状態を保つ

### 横手館 よこてかん

優美な4階建ての建物が目をひく伊香保の名宿。客室ごとに意匠が凝らされた本館西棟と、機能性も備えた本館東棟、近代的な別館からなる。源泉掛け流しの風呂も楽しみ。

**伊香保** ▶ **MAP** 付録 P.8 A-2

📞0279-72-3244 　IN 15:00 　OUT 10:00
💴1泊2食付1万5600円〜（本館東棟） 　🛏和34、洋3、特別室2 　📍渋川市伊香保町伊香保11
🚌伊香保温泉バス停から徒歩3分 　🅿40台

1. 大正ロマンを感じる本館　2. 3つの無料貸切風呂がある（事前予約制）　3. 石段街から一本入った路地にたたずむ　4. 大浴場「折鶴の湯」。大浴場は2つあり、男女入れ替え制　5. モダンにリニューアルした本館東棟　6. 上州特選会席は席数限定のダイニングで

\Relax time/

こんこんと湧き出る黄金の湯を掛け流し。大浴場と貸切風呂で堪能♪

# Superb View

自然が生み出す幻想的な色彩

EDITOR's ADVICE

## BLUE × GREEN の 絶景に感動!

編集部Staff
Keiko Ohyama

豊かな自然に恵まれた群馬には、驚くような絶景スポットがあるんです！澄んだ青と緑は、忘れられない美しさですよ。

## 奥四万湖　おくしまこ Ⓐ

四万温泉の最奥にあるダム湖。"四万ブルー"と呼ばれる美しい青色が特徴で、1周4kmの湖畔は新緑や紅葉、ツツジの名所でもある。国道353号の先にある堰堤からは、湖の全景を見渡せる。

［四万］▶MAP 付録 P.12 B-1
☎0279-64-2321（四万温泉協会）　➡見学自由　♀中之条町四万　🚌四万温泉バス停から徒歩50分　🅿30台

tips
### BEST SEASON & TIME

十分な水量の湖面に新緑が映える5月の午前〜昼頃がベスト。周辺にはツツジも咲き誇る

雄大な山に囲まれ、いくつもの清流が流れる群馬では、ときに想像を超える絶景に出会える。目が覚めるような鮮やかな色彩は、自然が生み出したとは思えないほど。その美しさをじっくり堪能したら、写真におさめるのも忘れずに。なかには限られた期間しか見られない景色もあるので、ベストシーズンを逃さずに訪れて。

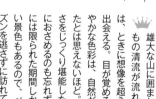

### ■ グリーンディスカバリー「カヌーツアー」

澄んだ湖面を間近に感じられるカヌーに乗って湖を周遊。初心者でも安心して絶景を満喫できる。

LET'S ENJOY ACTIVITY!

［四万］▶MAP 付録 P.12 A-3
☎0279-56-3999　🚫荒天時、11月下旬〜4月上旬
🕐4月中旬〜11月中旬、半日カヌーツアー9:30〜12:00、13:30〜16:00（要予約）　¥5500円〜　♀中之条町四万4063（四万ベース）
🚌四万温泉バス停から送迎あり　🅿10台

誰もが魅了される
神秘的な"四万ブルー"

標高1800mの湿原に舞う
幻想的な白い綿穂

マーブル状に広がる
緑の苔のじゅうたん

A. 湖の周辺は見晴台や公園が整備されており、ハイキングが楽しめる　B. 真っ白な綿穂が緑の中で揺れる。周囲にはほかの高山植物も　C. 地面を覆うチャツボミゴケ。歩道は砂利道もあるので歩きやすい靴で訪れたい

絶景に会いに行こう♪

フォトジェニックな

青く見える理由は、透明度が高いから、アロフェンという微粒子が乱反射するから、など諸説ある

## チャツボミゴケ公園・穴地獄

チャツボミゴケこうえんあなじごく C

草津温泉のさらに奥、かつて鉄鉱石の採掘地だった場所。露天掘りによりできた窪みに多くのチャツボミゴケが自生しており、国の天然記念物に指定されている。

**中之条** ▶ **MAP** 付録 P.6 B-1

☎0279-75-8814(中之条町観光協会) 休12月～4月下旬
🕐4月下旬～9月8:45～15:30、10～11月は～15:00 ¥入園料600円
📍中之条町入山13-3 🚃JR長野原草津口駅から車で45分 Ｐ50台

### What's チャツボミゴケ

強酸性の水が流れる場所を好み、世界中の苔のなかでも最も耐酸性が高いといわれる。これだけ広範囲に自生するのは珍しい

*tips*

**BEST SEASON & TIME**

最もおすすめのシーズンは秋。苔の美しい緑と周辺の紅葉とのコントラストが美しい

CHECK!
期間限定! ワタスゲ群生

初夏に花を咲かせるが、花が散ったあとの綿穂がより美しい

*tips*

**BEST SEASON & TIME**

ワタスゲの綿穂が見ごろになるのは7月上旬。ハイキングも楽しむなら午前中に訪れよう

## 芳ヶ平湿原

よしがだいらしつげん B

草津白根山の北東に広がる上信越高原国立公園の特別地域。高山植物が自生し、ラムサール条約にも登録されている大自然を眺めながらハイキングを楽しもう。

**中之条** ▶ **MAP** 付録 P.6 A-1

☎0279-75-8814(中之条町観光協会)
🚶散策自由(冬季閉鎖あり) 📍中之条町入山
🚃渋峠駐車場から徒歩60分 Ｐ100台

ブランド肉のうま味を堪能！

# 和牛 × 名店で とろける幸せ♡

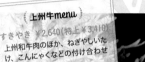

**LOCAL's ADVICE**

「JAMCOVER VILLAGE」オーナー
*Rie Ozawa*

66 群馬が誇る上州牛をはじめ、上質な国産和牛は、一度味わえばとりこになる味。おすすめ店はこちら！ 99

Moo Moo

食の宝庫、群馬を代表する名産といえば、ブランド肉「上州牛」。県内の生産者たちが丹精を込めて肥育した上州牛は、きめ細やかな肉質で、やわらかさがありながらも適度な歯ごたえが特徴。ここでは、上州牛だけでなく上質な国産和牛が味わえるお店をご紹介。すきやき、ステーキ、ハンバーグ…今日は奮発して、和牛を味わってみては。

A5ランクの上州和牛を贅沢にすきやきで

### 上州牛menu
**すきやき　¥2,640**(特上￥3,410)
上州和牛肉のほか、ねぎやしいたけ、こんにゃくなどの付け合わせもほぼ県内産

### What's 上州牛
優秀な血統の黒毛和種をはじめ、群馬県内で肥育されている高品質の肉牛。脂肪と赤身のバランスが最高

## 牛や清 (ぎゅうやきよし)

上州牛のなかでも「上州黒毛和牛」と呼ばれる和牛種のみの最上級牛肉を厳選。新鮮で良質な群馬産の食材で彩られたすきやきやしゃぶしゃぶを味わえる。席が空いていれば予約なしで気軽に楽しめる。

**前橋** ▶ **MAP** 付録 P.3 C-3
☎027-231-4027　日曜(予約状況により営業、日・月曜連休の場合は営業し、翌月曜休)　12:00〜14:00、17:00〜22:00　前橋市岩神町4-9-15　JR前橋駅から桃泉・上野田方面行きバスで15分、大渡橋下車すぐ　P20台

利根川沿いにあり、川と山々を望む特別な座敷席

## 牛以外にも群馬県産の食材がたっぷり！

### こんにゃく
全国の約9割のシェアを誇る。太めのしらたきは歯ごたえ◎

### しいたけ
富岡産の原木しいたけ。肉厚で風味が良く、うま味が濃い

### ねぎ
県内産ねぎを使用。12〜2月は太くて甘い下仁田ねぎを使う

**上州牛menu**
上州牛ハンバーグ（180g）
¥1,408
上州牛をふんだんに使用した
牛100％の粗挽きハンバーグ

店内は、ドイツのハブ
レストラン風の装い

上州牛100％の肉を直火焼きしたハンバーグ

## GGC高崎本店
ジージーシーたかさきほんてん

上州牛目当てに、地元の人も利用する人気店。自社の熟成庫で一週間以上熟成をかけることで従来よりもうま味ややわらかさがグレードアップ！土・日曜は予約がおすすめ。

高崎 MAP 付録 P.13 B-3 ©R
027-362-8887 無休
11:00〜21:30（閉店は22:00）
高崎市緑町1-28-2 JR高崎問屋町駅から徒歩20分
20台

## SARA''S Terrace Arraiya
サラズテラスアライヤ

明治時代創業の「新井屋旅館」を改装した、居ごこちのよいカフェ。契約農場直送の上州牛や群馬麦豚を使ったメニューが勢ぞろい。野菜や米も県内産のものを使うというこだわりも。

伊香保 MAP 付録 P.8 A-2
0279-72-2183 不定休
9:30〜18:30（L.O.） 渋川市伊香保町伊香保20 伊香保温泉バス停から徒歩7分 なし

**上州牛menu**
上州牛ロース丼 ¥1,600
ほどよい霜降りでやわらかい食感のロース肉を、特製ソースで。とろ〜り温玉のせ！

‖ VERY GOOD!! ‖

肉汁とうま味がほとばしるロース肉の丼

スタイリッシュでセンス
のよい空間が広がる

**和牛menu**
すきやき御膳
¥4,950
A5、A4ランクの国産和牛を群馬県産の野菜と玉子で。噛むほどにうま味が増す

カウンター席のほか、
広いテーブル席も

精肉店の直営だからこそ肉のクオリティ高し！

## zeN
ゼン

創業約60年の老舗精肉店「吾妻食堂」が完全プロデュース。A5、A4ランクの国産和牛を使用した、新鮮で高品質な肉をお値打ち価格で提供している。すきやき御膳が人気。

草津 MAP 付録 P.5 C-2 ©R
0279-82-1129 不定休
11:30〜14:00（L.O.）、17:00〜21:00（L.O.）
草津町草津108 草津温泉バスターミナルから徒歩5分 なし

※仕入れにより内容が変更になる場合あり

# カラフル＆フレッシュなおいしさ！

## とれたて × フルーツ で カラダにごほうび

群馬の果物って本当においしいんです！自分で採ってその場で食べるとさらに格別ですよ。

EDITOR's ADVICE
編集部Staff
Natsuko Kuga

高原から平地まで起伏に富んだ地形や昼夜の寒暖の差などから、果物栽培に適した群馬。特に沼田やみなかみ地区には、多くの農園が点在している。年間を通してさまざまな種類の果物が収穫でき、フルーツ狩りも盛ん。太陽の恵みをたっぷりと浴びて、たわわに実った旬の味覚をもぎとって、そのまま味わう。それこそフルーツ狩りの醍醐味！果物をふんだんに使ったスイーツやおみやげも見逃せない。

FRESH!!!

色とりどりのフルーツでビタミン＆幸せを補給♡

食べたい果物の旬の時季を確認してね♪

1 Grape

4 3

Peach

2 Blueberry

フルーツ狩り以外の楽しみもたくさん！

1. 同じ桃やぶどうでも品種はさまざま
2. ブルーベリーの木は低いので、小さい子ども子も楽しめる　3. 濃いピンクの桃が食べごろ　4. ぶどうもさまざまな品種を扱っている　5. 甘酸っぱくてジューシーなプラム　6. ヤギとふれあって癒される　7. フルーツにより食べ放題コースと決まった個数の収穫＋試食ができる基本コースに分かれる

## Food

**BBQ セット**
**¥3,800**
フルーツ狩りとセットで楽しめるBBQ。自家製のミニジェラートも付く（モギトーレ）

**季節のフルーツサンド**
**¥300、りんごジュース**
**1本（720㎖）¥800**
旬のフルーツたっぷりのフルーツサンドと、無添加の100%ジュース（原田農園）

**フルーツケーキ**
**¥750〜**
もぎたてフルーツをたっぷり使って作る農園ならではの自家製フルーツケーキ（モギトーレ）

## Omiyage

**はらだのくーへん**
**¥1,500**
りんごをまるごと1個使用。ひとつずつ工房でていねいに焼き上げる（原田農園）

**モギトーレカップアイス**
**各¥350**
みなかみ町の新鮮なミルクを使ったオリジナルのジェラートをおみやげに（モギトーレ）

**モギトーレぐんま名月ジュース**
**各¥350**
群馬生まれのりんご「ぐんま名月」を贅沢に使用した自家製のりんごジュース（モギトーレ）

---

年間50万人が訪れる観光フルーツ園
### 果実の里 原田農園 かじつのさとはらだのうえん ❶❸❹

東京ドーム約8個分という敷地に、さくらんぼやぶどうなどのフルーツ、野菜、きのこなどが栽培されており、一年中収穫体験が楽しめる。自家菓子工房で製造されたりんごジュースやスイーツも大人気。

沼田 ▶ MAP 付録 P.11 C-4
☎0278-22-3991　無休　8:30〜17:00（時期により異なる）　沼田市横塚町1294　JR沼田駅から川場循環バスで15分、下組下車すぐ　P150台

| フルーツData | | |
| --- | --- | --- |
| いちご | 12月上旬〜6月上旬 | 30分食べ放題¥1,100〜 |
| さくらんぼ | 6月上旬〜7月中旬 | 30分食べ放題¥1,980 |
| 桃 | 7月中旬〜9月上旬 | 試食+2個収穫¥1,082 |
| りんご | 8月下旬〜12月上旬 | 食べ放題¥550〜　ほか |

---

365日フルーツエンターテインメント！
### みなかみフルーツランド モギトーレ ❷❺❻❼

約6.5haの敷地でいちご、さくらんぼ、りんごなど約8種の果物を栽培。果物狩りのほか、果樹園を眺めながらのBBQやカフェタイム、ヤギとのふれあいも楽しめる。

みなかみ ▶ MAP 付録 P.10 B-3
☎0278-64-2800　無休　10:00〜16:00（6〜9月は9:00〜）　内容により異なる　みなかみ町新巻5-10　JR上毛高原駅から猿ヶ京行きバスで12分、今宿下車、徒歩15分　P70台

| フルーツData | | |
| --- | --- | --- |
| いちご | 1月中旬〜5月中旬 | 30分食べ放題¥2,000 |
| ブルーベリー | 6月中旬〜8月上旬 | 30分食べ放題¥1,200 |
| プラム | 7月下旬〜8月中旬 | 30分食べ放題¥700 |
| りんご | 9月下旬〜11月下旬 | 試食+2個収穫¥700　ほか |

かわいさで満たされた
夢の世界へようこそ

心ときめくアイテムがいっぱい！

CUTE × 雑貨 × おやつ を探しに

EDITOR's ADVICE
Editor
Tomoko
Inoue

今おしゃれなモノ好きの間で大注目のお店がココ！センス抜群のセレクトに、テンションUP間違いなし♪

1.雑貨棟の店内。常時1〜3つのポップアップや個展を行っている　2.各コーナーにセンスが光る。すみずみまで見てまわりたい　3.子ども服などのキッズ用のアイテムも　4.おやつ店に並ぶ調味料やドリンク類　5.店内の照明もハンドメイド作家の作品

CUTE ★
5

### おやつ店＆食堂

おやつや調味料などを販売し、食堂では"おいしくて元気になる"ごはんやおやつを提供

### 雑貨棟

ハンドメイド作家の一点ものから子ども服まで国内外から仕入れたアイテムがそろう

高崎にある「JAMCOVER VILLAGE」は雑貨とおやつのセレクトショップ。雑貨棟にはハンドメイド作家の作品やかわいらしい子ども服など、遊び心のあるアイテムがずらりと並ぶ。おやつ棟には各地から仕入れた調味料やお菓子のほか、ひと手間をかけて作った日替わりごはんやおやつが味わえる食堂も。一期一会の雑貨や食との出会いを楽しもう！

## JAMCOVER VILLAGE
ジャムカバービレッジ

**高崎**　▶**MAP** 付録 P.13 A-3

☎027-384-4470（雑貨棟）、027-384-4471（おやつ店・VILLAGE食堂）　**休**雑貨店は水曜、おやつ店は水〜金曜　**営**雑貨店11:00〜17:00（土・日曜、祝日は〜17:30）、おやつ店11:30〜17:00　**所**高崎市下室田町1686　JR高崎駅から榛名湖行きバスで30分、手長下車すぐ　**P**40台

# かわいい雑貨＆おやつをHunting!!

i10 小皿
¥5,500

i10 マグカップ
¥8,800

陶芸作家・i10の作品。お皿やマグカップの底にぽっこりと浮き出た、なんとも言えない表情のネコがキュート！

JAMCOVER
Bean to bar Chocolat
各¥1,200

生のカカオを焙煎して作ったBean to barのチョコレート。ベリーズ、マダガスカル、メキシコのカカオを使い、カカオ70%で甘みと苦みのバランスが◎

高山縫製室 つけ襟
¥3,850

高山縫製室とJAMCOVER VILLAGEオーナー・オザワリエさんのコラボ作品。シンプルなTシャツなどに合わせたい

ミヤジマイコ
ぬいぐるみ
¥14,300

さまざまなファブリックを縫い合わせて作られた一点もののぬいぐるみ。ウサギ以外の動物もあり

ワッフルつかまえた
¥1,512

一口サイズのワッフルクッキー。缶に描かれたイラストレーター・hibiyuuの、ワッフル形になった星をつかまえる女の子のイラストもすてき

JAMCOVER
ORIGINAL COFFEE
各¥1,080

JAMCOVER
Herb Tea
5P入り
¥1,080

tam tree ウッドブローチ
各¥2,530〜

一点一点手作業でペイントされたウッドブローチ。絵本の中から現れたような風合いがたまらない。コーディネイトのアクセントに

CUTE

水出しコーヒー（左）は40g×2P、コーヒー豆（中央）は1袋90g。赤城山麓の「森の香」のハーブを使ったハーブティは5種類ほどある

## ランチはこちらで！

| VILLAGE食堂
ヴィレッジしょくどう

おやつ店に併設された食堂。自家製の発酵調味料や天日干し野菜を使った、いたわりの日替わりごはんを提供。カフェタイムには甘くて体に優しいスイーツも味わえる。作家もののかわいい器にも注目！

☎027-384-4471 休水〜金曜
ランチ11:30〜14:00（土・日曜、祝日は11:00〜）、カフェ14:00〜17:00

いたわりランチプレートセット ¥1,800
こんにゃく米入りごはんと野菜のスープに日替わりのおいしいおかずがちょっとずつ

発酵あんこパフェ
¥900（季節のお茶付）
手作りの発酵食品を使ったすっきりした甘さの和風パフェ

天井が高く、ゆったりした配置の店内。食堂でも個展を開催している

# 湯けむりに包まれる街

# Kusatsu

源泉の香りが漂う温泉街は、今日も世界中からの観光客で大にぎわい！ 食べ歩き、買い物、湯めぐり。お楽しみはいーっぱい♪

**湯畑**
ゆばたけ
≫P.31

草津

足湯に湯もみに食べ歩き…

# 草津の温泉街 癒され♡さんぽ

草津温泉は、シンボルの湯畑を中心に散策スポットがいっぱい。
街全体が落ち着いた雰囲気なので、ゆったりと充実の一日が過ごせる。

**TOTAL 1.5H**

**BEST TIME**
12 / 9 - 15 / 18

**ROUTE**
高速バス発着所から湯畑、西の河原通りを通り、温泉のある公園へ

浴衣が似合う趣深い温泉街にぎわいをみせる通りを歩く

日本三名泉のひとつ、草津温泉は、自然湧出量日本一を誇り、"恋の病以外は治せる"といわれるほど良質な源泉が湧き出る。その名湯が滝のように流れ落ちる「湯畑」は、草津温泉のシンボル。その周辺にはみやげ物店や飲食店がひしめき合っている。歴史ある風情が残る街並みに和装姿が映えるので、浴衣をレンタルするのがおすすめ。観光スポットが比較的密集しているため、ぶらぶらと散策してみたい。

観光ぐんま写真館提供

**Start 草津温泉 バスターミナル**

3本の湯樋から温泉が流れ込む足湯

**草津温泉の玄関口にある新シンボル**

## Ⓐ 温泉門 おんせんもん

温泉街の入口にある立体交差で、木を基調とした温かみを感じるデザイン。湯畑をモチーフにした足湯も整備されている。

草津 **MAP** 付録 P4 A-4

☎0279-88-0800(草津温泉観光協会) ♨見学自由 ♀草津町草津456-1 ♨草津温泉バスターミナルから徒歩10分 ℗101台

[地図]
草津煎餅本舗 又来屋 Ⓜ
味の元祖 長寿店 Ⓛ
カフェ・スパ・ノイエボスト Ⓗ
玉屋商店
湯畑商店
草津ガラス蔵 Ⓞ
草津温泉 湯あがりかりんと Ⓝ
寺子屋本舗 草津店
ごま福堂 Ⓙ
御座之湯 Ⓘ
GOAL
湯畑 Ⓒ
湯もみり亭 Ⓓ
頼朝 Ⓔ
射的本舗 まんだら堂 Ⓕ
西の河原通り
熱乃湯
光泉寺
START
西の河原露天風呂
西の河原公園
Ⓟ
草津温泉スキー場
草津温泉 バスターミナル
草津町役場
草津温泉の玄関口
Ⓑ Lucky Bagel
Ⓐ 温泉門
長野原草津口駅へ
中之条町へ
長野原町へ

# 草津さんぽのいろは

## い 散策はレンタル浴衣で♪

色浴衣、飾り帯、下駄、足袋、竹籠がレンタル可。荷物預かり、着付け、記念写真もOK。御座之湯の入浴券も付く。

**御座之湯** ござのゆ

`草津` ▶**MAP** 付録 P.5 C-3
☎0279-88-9000 休無休 ⏰9:00～17:00（最終返却20:00）、日帰り入浴は7:00～21:00（12～3月は8:00～）¥レンタル浴衣2500円、入浴料800円 ♀草津町草津421 ♨草津温泉バスターミナルから徒歩5分 Pなし

## ろ 巡回バスを上手に活用！

温泉街を走るレトロバス。4コース運行しており、乗車は1回¥100。坂が多いので便利。
☎0279-88-7189（草津町福祉課） 休無休 ⏰Aコース草津バスターミナル発8:00～17:50 ¥100円

## は 3つの温泉キーワード

▶**湯畑**
湯温を調節したり、湯の花の採取のために造られた施設。

▶**時間湯**
湯長の号令で3分に区切って高温の湯に入る草津特有の入浴法。

▶**湯めぐり手形**

人気の3つの温泉施設で利用できるお得な共通券¥1,950を各施設で販売。

---

**将軍御汲上の湯**
江戸時代には、この枠の内側から将軍献上の湯を汲んだという

**KUSATSU ONSEN**

**温泉街さんぽ**

**草津のシンボル、湯畑をぐるり**

**湯樋**
樋を通るうちに冷めて適温に。その過程でできるのが湯の花

**湯滝**
適温になった温泉が滝となって流れ落ち、各浴場へと配られていく

### 焼きたてベーグルをパクリ♪

1.好みのフレーバーにクリームチーズをサンド。ドリンク付き
2.日替わりで毎日10種類以上がそろう
3.イートインスペース。テイクアウトも可能
4.プレーン¥216、ごま¥230などの定番のほか季節限定ベーグルも

**1**
モーニングセット ¥700

**2**

**3**

**厳選素材で作るベーグルを朝食に**

**4**

## B Lucky Bagel
ラッキーベーグル

北関東産と北海道産をブレンドした小麦粉を使用するベーグルはもっちりとした食感。好きなベーグルと食材を選べるベーグルサンドも用意している。

`草津` ▶**MAP** 付録 P.4 B-4
☎0279-82-1004 休不定休 ⏰8:00～16:00（売り切れ次第閉店） ♀草津町草津19-15 ♨草津温泉バスターミナルから徒歩3分 P5台（内3台はイートイン専用）

---

**夜の散策もおすすめ！**

日が沈み始めるとライトアップされ、幻想的な雰囲気にさま変わり

**硫黄の香りと湯けむりに包まれる**

## C 湯畑 ゆばたけ

毎分約4000ℓの豊富な湯が滝となって流れ落ちる源泉地。温泉を木製の樋に掛け流し、源泉の温度を調整する、まさに湯の畑。周囲は瓦を敷き詰めた歩道になっているので散策に最適。

`草津` ▶**MAP** 付録 P.5 C-2
☎0279-88-7188（草津町観光課） ▶見学自由 ♀草津町草津107-1 ♨草津温泉バスターミナルから徒歩5分 P180台（湯畑観光駐車場などを利用）

湯畑周辺の
## 気になるSPOTめぐり

草津の温泉街
癒され♡さんぽ

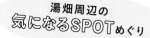

1
華ぶらむ
¥770

2
吟醸石けん
¥650

**女性に人気の温泉コスメを手に入れて**
### ⑥ 玉屋商店 湯畑店 たまやしょうてんゆばたけてん

草津の地酒や地ワインを多数取り扱う酒店
では、美肌効果が高い日本酒コスメも売れ筋!
週末に開催される酒の試飲会もお楽しみに。

草津 ▶MAP付録 P.5 C-2
☎0279-88-2259 休木曜 ⏰10:00〜18:00(土曜
は〜21:00、金・日曜は〜20:00) ♥草津町草津377-
1 ♥草津温泉バスターミナルから徒歩6分 🅿3台

3
1. 榛名の梅を使ったリキュール。ほ
どよい甘さでクイクイ飲める  2. 日
本酒の美肌効果を濃縮。無添加、
無香料  3. 地酒が所狭しと並ぶ

湯畑から引いた温泉の湯だまりがあり、
湯に触れられる。足湯に浸かるならタオ
ル持参で

湯畑の脇にある足湯に浸かり
ほっこり癒しの時間を
### ⓓ 湯けむり亭 ゆけむりてい

総檜造りのあずまやでは、無
料で源泉掛け流しの足湯に浸
かることができる。建物は江戸
時代にここにあった共同浴場
「松乃湯」をモデルに再現。

草津 ▶MAP付録 P.5 C-2
☎0279-88-0800(草津温泉観光協
会) 休不定休 ⏰24時間 ¥無料
♥草津町草津 ♥草津温泉バスター
ミナルから徒歩5分 🅿なし(湯畑観
光駐車場などを利用)

**温泉街ならではの遊び♪**
**射的にチャレンジ**
### ⓕ 射的本舗まんだら堂
しゃてきほんぽまんだらどう

射的で落とした人形の形により、
1、3、5点と配点が異なり、合計
点数でぬいぐるみやゲームなど
の景品と交換できる。撃ち落と
せなくても参加賞がもらえる。

草津 ▶MAP付録 P.5 C-3
☎080-4356-0932 休無休
⏰10:00〜22:00 ¥10発500円
♥草津町草津108-1 センターアーケー
ド内 ♥草津温泉バスターミナルか
ら徒歩3分 🅿なし

銃の先頭にコルク弾を奥までしっかりと
詰めて、レバーを引いて狙い撃ち

西の河原通り

玉屋商店
湯畑店 ⑥

**湯畑**

湯けむり亭
ⓓ

熱乃湯
▶P.42

頼朝

射的本舗
まんだら堂
ⓕ

草津温泉
バスターミナル

温泉たまご
¥140

甘めのたれが黄
身の濃厚な味わ
いをひき立てる。
のどごしも最高

**漬け物店の隠れた名物、**
**温泉卵を味わう**
### ⓔ 頼朝 よりとも

国産の原材料を使い、さまざまな味付けで
漬け物に。温泉卵のほか、「ゆけむりこん
にゃく」(1皿2本)¥300も販売。

草津 ▶MAP付録 P.5 C-2
☎0279-88-8146 休不定休
⏰9:00〜21:00 ♥草津町草津116-2
♥草津温泉バスターミナルから徒歩5分 🅿なし

BANG

モーニングセット
¥1,000

2

1

手焼きせんべい
1枚¥140〜

1. 食べる前に店頭で温めてくれるので、アツアツをいただける
2. 手焼き煎餅は約13種類

香ばしい手焼き煎餅をパクリ

## ● 寺子屋本舗 草津店
てらこやほんぽくさつてん

ていねいに焼き上げる煎餅は、醤油、特上海苔、あおさなど多彩。秘伝のたれで仕上げた「串ぬれおかき」¥240なども人気。

草津 ▶MAP 付録 P.4 B-2
☎0279-88-9707 休無休
🕐9:30〜17:30 ♀草津町草津507
🚌草津温泉バスターミナルから徒歩10分 Pなし

小腹がすいたら
絶品サンドイッチを

## ● カフェ・スパ・ノイエポスト

1階がカフェ、2階がレストラン。ソフトフランスを使ったボリューム満点のサンドイッチやホットドッグが自慢。カフェの奥には貸切温泉があり、日帰り入浴もできる。

1. 群馬県産ハムを使ったサンドイッチ。テイクアウトOK 2. 西の河原通り沿いの「極楽館」の1階

2

草津 ▶MAP 付録 P.4 B-2
☎0279-88-1610 休木曜
🕐8:00〜17:30 (L.O.)、モーニングは〜11:00、冬季は8:30〜
♀草津町草津507 極楽館内
🚌草津温泉バスターミナルから徒歩10分 Pなし

KUSATSU ONSEN

温泉街さんぽ

← 🏠🌳🏠🏠🏠 I H 🏠🏠🏠🏠🏠🏠
🏠🏠🌳🏠 K 🏠🏠 J 🏠🏠🏠

西の河原通りで
グルメ&おみやげ
ハント

試食してお気に入りを探そう

## ● 草津温泉 湯あがりかりんと
くさつおんせんゆあがりかりんと

ここでしか買うことのできない、唯一のかりんとう専門店。一風変わったフレーバーもあるので、試食しながら好きな味を見つけてみて。

草津 ▶MAP 付録 P.4 B-2
☎0279-82-5551 休不定休 🕐9:30〜17:00 ♀草津町草津泉水505
🚌草津温泉バスターミナルから徒歩10分 Pなし

かりんとう 1袋¥388〜
浴衣柄の袋は、どれも華やかで選べないほど

サクサク、アツアツの
ビーフコロッケ

## ● ごま福堂
ごまふくどう

ごまを極力傷つけぬようについた「杵つき金ごま」をはじめ、ごま商品を幅広く展開。コロッケのほか、「金ごまミルク」や「本練り黒ごま」のソフトクリーム各¥550も人気が高い。

草津 ▶MAP 付録 P.4 B-2
☎0279-82-5073 休無休
🕐9:30〜17:30 ♀草津町草津390-4 🚌草津温泉バスターミナルから徒歩10分 Pなし

金ごま
ビーフコロッケ
1個¥240

半つぶしのすりごまとおから入り。サクサクの衣の食感もたまらない

1

2

1. 湯畑と西の河原公園をつなぐ名物ストリート 2. 老舗から個性的な店まで、バラエティ豊かな店が連なる

鉱泉せんべい
2枚入り￥75

草津せんべい
（くるみ・ごま）
1枚￥90〜

（ 草津の温泉街 ）
癒され♡さんぽ

3色まんじゅうの
蒸したてを試食

## Ⓛ 味の元祖
## 長寿店
あじのがんそちょうじゅてん

温泉まんじゅう 1個￥150

昔懐かしい、やさしい甘さの煎餅

## Ⓜ 草津煎餅本舗　くさつせんべいほんぽ

小麦粉と卵、砂糖を使って焼き上げる「草津せんべい」は素朴でやさしい味わい。旧六合村田代原産の花豆を使った自家製煮豆も人気。

3色の皮で包んだまんじゅうが名物。茶色はつぶ餡、白色は栗餡、緑色はうぐいす餡。蒸したてを試食できるので、ぜひ味見してみて。

草津　▶MAP付録 P.4 B-2
☎0279-88-3391　休不定休　🕐8:00〜18:00
♥草津町草津478　♨草津温泉バスターミナルから徒歩10分　Pなし

1. レトロなパッケージが目をひく　2. 鉱泉水を使った「鉱泉せんべい」はウエハースのような軽い食感が楽しい
3. くるみ、ごまなどの種類がある

草津　▶MAP付録 P.4 B-2
☎0279-88-6661
休不定休　🕐7:00〜20:00
（土・日曜、祝日は〜21:00）
♥草津町草津495-1
♨草津温泉バスターミナルから徒歩10分　Pなし

1. おみやげには箱入りのまんじゅうを。6個入り￥850　2. スタッフたちが道行く人に試食用のまんじゅうを配布

    Ⓜ      Ⓛ

Ⓞ

2・3号館　　1号館

花豆のアイスクリーム片手にひと休み♪

## Ⓞ 又来屋　またきや

草津特産の山菜や地野菜などを材料に、昔ながらの方法で漬けた漬け物が評判。特産を使ったアイスクリームは、ほどよい甘さに癒される。

草津　▶MAP付録 P.4 B-2
☎0279-88-6922　休不定休　🕐9:00〜18:00（時期により異なる）　♥草津町草津479-3
♨草津温泉バスターミナルから徒歩10分　Pなし

1. 舌にヒリヒリとくる山椒の辛さがやみつきに　2. 吾妻や信州産の梅とあんずを使用。甘酸っぱさがあとをひく　3. 群馬県産の花豆とミルクが絶妙。「花豆アイス」1個￥400

温泉たまご 1個￥150

ガラス蔵でおみやげ探し

## Ⓝ 草津ガラス蔵　くさつガラスぐら

美しいガラス製品がそろう。1号館の店頭では、80℃の湯で12分間加熱した卵を、50℃の源泉に2時間以上入れて作った温泉卵が味わえる。

草津　▶MAP付録 P.4 B-2
☎0279-88-0050（2号館）　休無休
🕐9:00〜18:00（時期により異なる）
♥草津町草津483-1　♨草津温泉バスターミナルから徒歩10分　P10台

1. 店頭に設置されたレトロなポストは、格好のフォトスポット　2. 淡いエメラルドグリーンが印象的な「草津温泉ガラス」の品ぞろえが豊富　3. 温泉成分たっぷりの卵はひと味違う

手造り
山椒の佃煮
￥960

手造り
うめと杏の
ジャム
￥650

NICE VIEW!!

1. 秋には紅葉散策も楽しめる　2. 東京・羽田の穴守稲荷から分霊勧請された神社　3. さまざまなところから湯が湧き出て、独特な雰囲気

こんな見どころも！

湯川が流れる
## 西の河原公園でリフレッシュ

湯だまりがあちこちにある公園を散策
### P 西の河原公園　さいのかわらこうえん

上信越高原国立公園の特別地域に指定されている、風光明媚な公園。溶岩石が点在する河原から毎分1400ℓの温泉が湧き出し、湯の川となって園内を流れている。

草津　▶MAP 付録 P.4 A-2
☎0279-88-7188(草津町観光課)
🚶散策自由　♨草津町草津
🚌草津温泉バスターミナルから徒歩15分　🅿150台

KUSATSU ONSEN

温泉街さんぽ

自然に抱かれた露天風呂は開放感抜群
### ◉ 西の河原露天風呂　さいのかわらろてんぶろ

西の河原公園の一角にある草津最大の露天風呂。新緑や紅葉、雪見など四季折々の自然を360度感じることができる。夜はライトアップされ、趣が変わる。

草津　▶MAP 付録 P.4 A-4
☎0279-88-6167　休無休(メンテナンス休あり)
🕐7:00〜19:30(閉館は20:00)、冬季は9:00〜　¥800円
♨草津町草津521-3　🚌草津温泉バスターミナルから徒歩20分　🅿300台(天狗山第1駐車場を利用)

Goal
## 湯畑

tips

### 入浴アドバイス

草津の湯温は少し高めなので、足首から順にかけ湯をして、全身を温めてから半身浴で体を慣らして

RELAX ♡

1. 女性露天風呂。洗い場はないので要注意
2. 男女別の脱衣所。ロッカー、トイレも完備

ココもCheck!

## かわいい動物たちとふれあえる！

250種、1000頭の動物を飼育
### ▌草津熱帯圏　くさつねったいけん

温泉熱で暖められたドーム内は、熱帯のジャングルそのもの。南国の花が咲き、動物・鳥類を飼育している。フィッシュセラピーも無料で体験できる。

草津　▶MAP 付録 P.4 B-4
☎0279-88-3271　休無休　🕐9:00〜17:00
¥1100円(変更の可能性あり)　♨草津町草津286
🚌草津温泉バスターミナルから徒歩15分(町内から送迎あり、要連絡)　🅿100台

ラマ
ラクダの仲間。エサをあげることもできる

キツネザル
大きくてまん丸の目、長いしっぽが愛らしい

カピバラ

人気のカピバラ「まる」(オス)。月に数回、ふれあい体験も

*Special Dish*

滋味あふれる逸品に舌つづみ

# 地元食材たっぷり！ とっておきランチ

自然豊かな環境に恵まれ、酪農や畜産、狩猟が盛んな群馬は、食材の宝庫！
そんな滋味あふれる食材を生かしたおいしいランチを召し上がれ。

*Local Food*

**ジビエ**
鹿や猪など、野生鳥獣の食肉のこと。天然ものは秋〜冬が旬

Special Lunch

**menu**
ロドデンドロ
ランチメニュー
¥2,800

1

2

1. 前菜、パスタ、デザート、小さなお菓子、3種の自家製パン、ドリンク付　2. きのこの瓶詰や自家製の菓子も販売している

5

3

4

3. 緑色を基調とした店内　4. 日本初のペンションとして有名な「綿貫ペンション」の中にある隠れ家イタリアン。予約必至　5. イタリア産ワインが50種類以上。ボトル¥2,000〜、グラス¥650〜

野性味あふれるジビエ料理に感動

## リストランテ アル・ロドデンドロ

星付レストランをはじめ、フランスやイタリアで研鑽を積んだ綿貫オーナーシェフが腕をふるう。ランチ、ディナーともにコースのみ。コースをとおして地元食材が使われ、猟師から買う鹿や熊、猪などを使ったジビエ料理に定評がある。

草津　▶MAP 付録 P.4 B-3　ⓒⓇ
☎0279-88-6150　休月曜（祝日の場合は翌日休）
営11:30〜14:30（閉店）、18:00〜21:00（閉店）　※ランチ、ディナーとも予約制　♀草津町草津557-11 綿貫ペンション内　♥草津温泉バスターミナルから徒歩10分　Ｐ10台

## 花豆

標高1000m以上の高地でのみ育つ花豆。大粒で食べごたえ十分

menu
花いんげん釜めし
¥1,375

### 素材のうま味が凝縮した釜飯

## いいやま亭
いいやまてい

草津温泉で唯一の釜飯店。厳選した米を草津のおいしい水で研ぎ、注文を受けてから一釜ずつ、約20分炊き上げて提供。花豆だけでなく、上州牛や赤城鶏、まいたけなど地元の食材を使った釜飯が20種類以上そろう。

**草津** ▶ **MAP** 付録 P.4 B-2
☎0279-82-1155 休不定休 ⏰11:00〜売り切れ次第閉店 📍草津町草津386-2
🚌草津温泉バスターミナルから徒歩5分
Ｐなし

1. ここでしか味わえないオリジナルメニュー。花豆の甘さと、かつお・昆布だしの良い香りがたまらない。漬け物、味噌汁、小鉢付 2. 店頭にある釜が印象的 3. 落ち着いた雰囲気で居ごこち抜群

### 上州豚を使った洋食が自慢

## 洋菓子&レストラン 月乃井
ようがしアンドレストランつきのい

湯畑前に建つ洋館風のレストラン&カフェ。ポークジンジャーやカツレツなど、上州麦豚を使った料理は、肉のうま味が存分に味わえる。ケーキショップも併設。

**草津** ▶ **MAP** 付録 P.5 C-2
☎0279-89-8002 休木曜（変動あり）⏰11:30〜20:00 📍草津町草津112-1 🚌草津温泉バスターミナルから徒歩5分 Ｐなし

### 生チーズ

地元の高原のフレッシュな牛乳で作る、クリーミーなチーズを使用

menu
トマトと高原生チーズのスパゲッティー ¥1,200

## 上州豚

きめ細かな肉質が特徴。くさみが少なく、甘みとうま味がある

menu
上州豚
ポークジンジャー
¥1,749

1. ココアスポンジにいちごのクリームたっぷりのロールケーキ「フレーズロール」¥528 2. 淡いグリーンを基調とした、大正ロマンの雰囲気漂う店 3. 自家製のジンジャーソースが決め手

### 高原チーズを使った料理が美味

## イタリア料理 ITALO
イタリアりょうりイタロ

自家製チーズをはじめ、高原野菜など旬の食材をふんだんに使った本格的なイタリアンが味わえる。アットホームな雰囲気がここちよい。

**草津** ▶ **MAP** 付録 P.4 A-4
☎0279-88-8340 休火・水曜（繁忙期は営業）
⏰11:30 〜 14:00(L.O.)、17:30 〜 20:00 (L.O.) 📍草津町草津7-1 🚌草津温泉バスターミナルから徒歩10分 Ｐ4台

1. コクのある自家製フレッシュチーズの濃厚さと、トマトの酸味が絶妙にマッチ 2.「高原生チーズのデザート 木苺」¥500 3. 道の駅近くにあるレストラン

「いいやま亭」の隣にある「いいやま商店」にも、地元食材を使ったおみやげが満載。

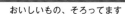

Local Noodle

YUMMY

各店のこだわりがいっぱい！

# 打ちたてをツルッと♪ 上州うどん&そば

群馬は有数の小麦の産地として有名だが、じつは山間部で栽培されるそばも名物。
それぞれのお店で試行錯誤しながら作り上げる自慢の一杯を堪能しよう。

地粉100%のひもかわうどん

## 上州地粉うどん まつもと
じょうしゅうじごなうどんまつもと

群馬県の地粉「きぬの波」を使った生麺のひもかわうどんや、群馬県の郷土料理「おっきりこみ」（冬季限定、10月下旬から5月のGWまで）などが食べられる店。上州もち豚を使用したソースカツ丼など、地元の食材も味わえる。

草津 ▶MAP 付録 P.4 B-2

☎0279-88-2678 休不定休
🕐11:00～売り切れ次第閉店 ♀草津町草津486-5 🚌草津温泉バスターミナルから徒歩10分 Pなし

menu
上州もち豚
つけ汁ひもかわ
うどん
¥1,000

1. 深みのある味わいの上州もち豚と県産ねぎたっぷりの温かいつけ汁につけてどうぞ 2. ハーフサイズのうどんに、揚げたてのかつと甘めのソースがマッチしたかつ丼が付く「上州もち豚ミニソースのカツ丼セット」¥1,200も人気 3. 西の河原通り沿いに建つ

サクサクの揚げもちがたまらない

menu
揚げもち
なべ焼うどん
（冬季限定）
¥1,080

## 栄屋うどん さかえやうどん

具だくさんのうどんメニューが充実。いちばん人気の「揚げもちなべ焼うどん」は、揚げもちのほか、油揚げや干ししいたけ、野菜など、具でうどんが見えないほど！醤油ベースのつゆも上品で、ペロリと食べられる。

草津 ▶MAP 付録 P.4 B-2

☎0279-88-5344 休火曜、ほか不定休 🕐11:00～16:00（閉店）、土・日曜、祝日は～18:00（閉店）♀草津町草津504-2 🚌草津温泉バスターミナルから徒歩5分 Pなし

1. 揚げもちはサクサクのままでもおいしいが、つゆをたっぷりしみ込ませて食べても美味。夏季は提供なし 2. 入りやすい店構え

素材にこだわり抜いた優しい味わいのそば

**Delicious!**

**menu**

きざみ鴨せいろ

**¥1,200〜**

1. 鴨肉を細かく刻んでねぎと一緒に煮込んでおり、鴨の脂やうま味をしっかり味わえる逸品　2. 落ち着いた内装と照明でリラックスしてゆっくり食事を楽しめる

## 石臼挽蕎麦 三国家
いしうすびきそばくにや

毎日石臼で自家製粉し、草津白根山麓の雪解け水で打つそばを目当てに、客足が絶えない人気店。蕎麦の実は「深山ファーム」を中心にその時期に一番おいしいものを使用。良質なかつお節と宗田かつおが香るつゆも奥深い。

| 草津 | ▶ **MAP** 付録 P.4 B-2 |

☎0279-88-2134　休火曜(月・火曜連休の場合あり)　⏰11:00〜14:30頃、17:30〜19:30(閉店は20:00、状況により変更あり)　🏠草津町草津386　🚃草津温泉バスターミナルから徒歩8分　Ｐなし

1. 湯畑のすぐ目の前。食事だけでなく併設の日帰り入浴も利用可能(割引あり)
2. 群馬銘柄豚「赤城ポーク」を使用した人気メニュー

## 上州麺処 平の家
じょうしゅうめんどころひらのや

湯畑の目の前にある麺処。北海道の契約農家から良質な玄蕎麦を仕入れ、徹底した温度管理で一年を通して限りなく新そばに近い状態で提供。「100日まいたけ」や赤城ポークなど群馬県産食材を使った料理も必食だ。

| 草津 | ▶ **MAP** 付録 P.5 C-2 |

☎0279-88-2828　休不定休　⏰10:30〜19:30(L.O.、土曜・祝前日は20:30L.O.)　🏠草津町草津121-2　🚃草津温泉バスターミナルから徒歩5分　Ｐなし

豚本来のうま味が味わえるあったかつけ汁でおてそばを

**menu**

上州豚
せいろそば

**¥1,650**

香り高いそばを肉厚のまいたけ天とともに

**menu**

まいたけ天
もりそば

**¥1,650**

## そばきち 湯畑店
そばきちゆばたけてん

上州赤城山の山麓で育った「上州秋そば花一文」のそば粉を使用しており、季節問わず新そばの味わいや香りが楽しめるのが特徴。湯畑と湯路広場の両方に面し、開放的な大きな窓から温泉街の景色を眺めながら食事を楽しめる。

| 草津 | ▶ **MAP** 付録 P.5 C-2 |

☎0279-88-9980　休不定休　⏰11:00〜売り切れ次第閉店　🏠草津町草津108　🚃草津温泉バスターミナルから徒歩5分　Ｐなし

1. 朝採れのまいたけを使った天ぷらは肉厚でサクサク! 春は山菜の天ぷらも登場する
2. 湯畑前にある建物の2階

! CHECK !

安らぎの空間が自慢です♡

# ほっこりレトロCAFEでリラックス

温泉街に欠かせないのが、お風呂上がりや散策途中に立ち寄りたいカフェ。趣のある空間が見事で、温泉街にマッチ。ついつい長居してしまう。

天井が高く開放的。湯畑を眺めながら、コーヒーとスイーツでひと息

1

Cheese Cake!

2

RETRO

3

WOW!

4

**menu**
ゴルゴンゾーラと
はちみつのチーズケーキ
¥600

6

CUTE♥

7

宿の元風呂場だった空間を改装

## 茶房ぐーてらいぜ
さぼうぐーてらいぜ

江戸初期創業、草津最古といわれている老舗宿「日新館」の風呂場の骨組みを残して改装したカフェ。梁や柱はそのままで、当時の面影が残る。歴史を感じる空間で、一杯一杯ていねいに淹れるコーヒーとスイーツを味わおう。

草津　▶MAP 付録 P.5 C-2
☎0279-88-6888　休火曜
🕘9:30～16:00（閉店は16:30）　📍草津町草津368
🚌草津温泉バスターミナルから徒歩6分　🅿なし

5

1. カウンター席とテーブル席があり、湯畑を望む窓際が特等席　2. 店内にはコーヒーの香りが漂う　3. 天井を見上げると、湯気抜きの天窓を発見。タイムスリップしたようなレトロ感　4.「ゴルゴンゾーラとはちみつのチーズケーキ」をはじめ、自家製ケーキはコーヒーとの相性も抜群　5. 良質な豆を使用した挽きたてのハンドドリップコーヒーは¥600～　6. 地元客にも人気の店　7. 店内に飾られた民芸品もキュート

**&MORE** ♪こちらもおすすめ！湯畑の目の前にあるおしゃれカフェ♪

### 湯畑草庵 足湯カフェ
ゆばたけそうあんあしゆカフェ

にぎやかな湯畑の目の前にありながら店内には落ち着いた空間が広がり、足湯でくつろぐこともできる。ドリンク、アルコール、フードと多彩なメニューをそろえ、季節限定メニューも登場。

草津 ▶ **MAP** 付録 P.5 C-2

☎0279-89-1011 休無休
🕙10:00～21:00(閉店は21:30) ♀草津町草津118-1 ♥草津温泉バスターミナルから徒歩5分 P なし

1.「キャラメルマキアート」アイス・ホット各￥750　2.ドリンク代＋￥300で足湯スペースも利用可能

---

## 老舗旅館の洗練されたモダン空間

# 奈良屋 喫茶去
ならやきっさこ

明治創業の老舗旅館「奈良屋」(❷P.19)の1階で営業。純和風の外観とは打って変わって、店内はモダンでスタイリッシュ。女性客が多く、そのお目当てはインスタ映え必至のスイーツ！

草津 ▶ **MAP** 付録 P.5 C-2

☎0279-88-2311(奈良屋) 休無休
🕙10:00～18:00(閉店、18:00～22:00は宿泊客専用バータイム) ♀草津町草津396 ♥草津温泉バスターミナルから徒歩6分 P20台

1. セレクトショップを兼ねたカフェ。サイフォンで淹れるコーヒーも美味　2. アイス、白玉、花豆などの上に綿あめが。お濃茶ソースをかけて　3. 一度は泊まりたい憧れの宿に併設

店内で使われているグラスやカップは、購入もできる

Greentea!!

menu
お濃い茶アフォガード
￥900

---

骨董品や民芸家具をセンスよくコーディネイト

Mame Kanten

menu
豆かんてん
￥900

1. 店内のあちこちに民芸品をディスプレイ　2. 自家製の餡や寒天を使用した「豆かんてん」。アイスクリームや花豆をのせて　3. 手作り感あふれるメニュー表もすてき

## アンティークを配し古きよき時代を再現

# だんべえ茶屋
だんべえぢゃや

店内に足を踏み入れると、懐かしさがこみあげてくる。民芸家具は趣深く、壁際の棚には民芸品がたくさん。そんな昭和レトロ感たっぷりの店内で、「豆かんてん」などの甘味やコーヒーを。

草津 ▶ **MAP** 付録 P.4 B-2

☎0279-88-7515 休無休
🕙10:00～21:00(曜日により異なる、L.O.は閉店の30分前) ♀草津町草津486-2 ♥草津温泉バスターミナルから徒歩10分 P なし

41 最近では湯畑周辺の共同浴場とカフェめぐりを楽しむ人が増えている。

Enjoy Yumomi

草津といえば「チョイナチョイナ〜♪」

# 唄に合わせて♪ Let's 湯もみ体験

50℃近い源泉の温度を下げるために考え出された草津名物、湯もみ。
伝統文化を伝える人気のショーと湯もみを体験してみよう♪

草津温泉に来たら
必ず立ち寄りたい
王道スポット

草津節にリズムを合わせて
伝統の湯もみを体験

JABU JABU

1

## 熱乃湯 <small>ねつのゆ</small>

泉質や効能はそのままに、入浴できる一定の温度まで下げる方法として、長さ約1.8mの六尺板で湯をかき混ぜる「湯もみ」をショー形式で見学できる。日・月曜は、ショーがない時間に湯もみだけ体験できるプログラムも行なっている。

草津 **MAP** 付録 P.5 C-2

☎0279-88-3613 無休(点検期間休、イベント等による休演あり、要問い合わせ) 湯もみと踊りショー9:30〜16:30(最終公演)、湯もみ体験(日・月曜のみ)11:30〜13:00(最終受付は12:50) 草津町草津414 草津温泉バスターミナルから徒歩5分 なし(湯畑観光駐車場などを利用)

1. 湯もみ体験は日・月曜のみ、湯もみと踊りのショーは毎日開催。1日6回公演 2. 湯畑のすぐ前に建つ。大正ロマンをイメージした建物が印象的 3. 2015年に建て替えられた2階建て、吹き抜けの建物。2階から見るショーも迫力満点

2

3

## 湯もみと踊りの実演

湯もみむすめが草津節に合わせて踊りを披露したあと、六尺板で湯もみを実演

### 湯もみと踊りショー

| | | |
|---|---|---|
| ¥ | 料　金 | ¥700 |
| ⏰ | 公演時間 | 9:30～、10:00～、10:30～、15:30～、16:00～、16:30～ |
| 予 | 予　約 | 不可 |

チケット販売は各公演の30分前から、熱乃湯の入口で購入。当日のみ有効。

草津よいとこ一度はおいで　ハァドッコイショ♪

## クライマックス「大もみ」

ショーのラストを飾る「大もみ」は天井に届くほどお湯が跳ね上がり、圧巻！

### 湯もみ体験

| | | |
|---|---|---|
| ¥ | 料　金 | ¥300 |
| ⏰ | 体験時間 | 日・月曜の11:30～13:00（最終受付は12:50） |
| 予 | 予　約 | 不可 |

### 湯もみを体験！

湯もみむすめの指導を受けながら、実際に六尺板で激しくバシャバシャとかき混ぜる。思った以上の重労働！

チョイナチョイナ～♪

## STUDY

### 湯もみと時間湯の歴史

江戸時代に始まった湯もみ。明治時代に入ると、指導者のもと、集団で湯もみを行なった後に時間を3分と区切って入浴する「時間湯」が誕生。温度の高い草津の湯に入浴する方法が確立された。

## & MORE

### 夜は熱乃湯で落語が楽しめる

#### 草津 温泉らくご
くさつおんせんらくご

落語を中心としたエンターテインメントを毎晩開催。ショーの舞台が高座に変わり、落語芸術協会の二ツ目による、愉快な噺が楽しめる。温泉らくごは、HPで事前予約可。

草津　▶MAP付録 P.5 C-2

☎0279-88-5118　休無休
🕐20:00～20:45　¥1200円

出演者は草津 温泉らくごのHP www.onsen-rakugo.com/で確認を

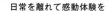

Fantastic Color

きらめくエメラルドグリーンに魅せられる

# 幻想的な草津温泉ガラスの世界へ

湯畑を流れる源泉をそのまま閉じ込めたような「草津温泉ガラス」が人気。
ショッピングはもちろん、気軽にとんぼ玉作りもできるので、おみやげを手作りするのもおすすめ！

温泉色に輝くガラスにうっとり

1

2

Retro post

3

1. 草津の温泉の色をイメージした淡いエメラルドグリーンの草津温泉ガラス　2. メインエントランスとなる2号館の外観　3. 入口には、実際に使われていた鉄製のポストが3台。レトロ風に塗り替えられているためキュート　4. 彩り豊かなガラス製品が並ぶ

## 草津ガラス蔵
くさつガラスぐら

西の河原通り沿いに蔵造りの3つの建物が連なり、オリジナルから作家の作品まで1000種類以上がそろう。おもに1号館では食器などのガラス製品、2号館はとんぼ玉アクセサリー、3号館はガラスアクセサリーを扱う。

**草津　▶MAP 付録 P.4 B-2**

☎0279-88-0050(2号館)　休無休
🕐9:00～18:00(時期により異なる)
📍草津町草津483-1　🚌草津温泉バスターミナルから徒歩10分　🅿10台

キラキラ＆カラフル

# PHOTOGENIC GLASS ITEM

SO CUTE

COLORFUL

Experience

草津温泉ガラス

お気に入りの色のグラスを見つけて

Ⓐ草津温泉ガラスの品ぞろえは抜群。グラスのほか、酒器セットや小物類も売れ筋　Ⓑパッと目をひく原色のアクセサリー。パーティなどでつければ、みんなの視線をひとり占め間違いなし　Ⓒピアスやイヤリングは¥1,000台から種類豊富にラインナップ　Ⓓとんぼ玉のキーホルダーは、友達へのおみやげに。やはりエメラルドグリーンの草津温泉ガラスがいちばん人気　Ⓔ動物などのガラス細工もかわいらしい　Ⓕエキゾチックなネックレスも多数ある　Ⓖ手作りのとんぼ玉チョーカーはおしゃれ　Ⓗ淡い色合いのグラスもすてき

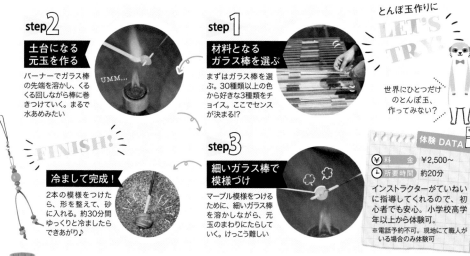

とんぼ玉作りに

LET'S TRY!

世界にひとつだけのとんぼ玉、作ってみない？

## step2
### 土台になる元玉を作る
バーナーでガラス棒の先端を溶かし、くるくる回しながら棒に巻きつけていく。まるで水あめたい

UMM...

## step1
### 材料となるガラス棒を選ぶ
まずはガラス棒を選ぶ。30種類以上の色から好きな3種類をチョイス。ここでセンスが決まる!?

## step3
### 細いガラス棒で模様づけ
マーブル模様をつけるために、細いガラス棒を溶かしながら、元玉のまわりにたらしていく。けっこう難しい

FINISH!

### 冷まして完成！
2本の模様をつけたら、形を整えて、砂に入れる。約30分間ゆっくりと冷ましたらできあがり♪

### 体験DATA
¥ 料　金　¥2,500～
⏱ 所要時間　約20分

インストラクターがていねいに指導してくれるので、初心者でも安心。小学校高学年以上から体験可
※電話予約不可。現地にて職人がいる場合のみ体験可

完成したとんぼ玉は、ネックレスやストラップ、キーホルダーにできる(有料)。

*Popular Gifts*

見た目も中身もこだわりいっぱい！

# 草津のとっておき！喜ばれみやげ

古くからある草津温泉だからおみやげも地味なのでは…と、あなどるなかれ！
味に定評がある老舗から、おしゃれなパッケージの最新アイテムまで、よりどりみどり。

友達に、自分みやげに、どれを選ぶ？

**B 花いんげん最中**
10個入り￥1,800
花いんげん豆がまるごと1つ入った最中。北海道産小豆の餡と好相性

特産の花いんげん豆を生かした和菓子

**B 花いんげん甘納豆**
130g ￥650
濃厚な豆の風味やコクがたまらない。甘さを抑えた上品な味

草津らしい浴衣柄の袋にかりんとうが入る

**A かりんとう**
￥388〜453
人気3種。手前から「湯の花かりんとう」、「三色奉天かりんとう」、「玉りんごかりんとう」

---

## ナカヨシ堂　C
ナカヨシどう

群馬県産ジャージー牛乳や浅間高原牛乳を使ったミルク菓子専門店。「牛乳瓶おいりボーロ」をはじめ、かわいいパッケージのオリジナル商品が並ぶ。食べ歩きできるクリームソーダなども提供。

草津　MAP付録 P.5 C-2
☎0279-82-1237　休無休
9:00〜20:00　草津町草津118-1
草津温泉バスターミナルから徒歩5分
Pなし

## 菓匠 清月堂 本店　B
かしょうせいげつどうほんてん

創業100年の老舗和菓子店。草津の特産である花いんげん豆の甘みと食感を生かした和菓子を多数販売している。食べごたえある甘納豆や最中のほか、羊かんやどら焼きも老若男女を問わず大人気。

草津　MAP付録 P.5 C-4
☎0279-88-2166　休不定休
9:00〜17:00
草津町草津25-1　草津温泉バスターミナルからすぐ　P4台

## 草津温泉 湯あがりかりんと　A
くさつおんせんゆあがりかりんと

湯あがりかりんとが買えるのはココだけ。定番の黒糖から湯の花をイメージしてすりごまをまとわせたものや、カラフルな3色詰め合わせ、りんごの酸味とシナモンの風味を感じる変わり種まで、全28種類。

草津　MAP付録 P.4 B-2
☎0279-82-5551　休不定休
9:30〜17:00　草津町草津泉水505　草津温泉バスターミナルから徒歩10分　Pなし

素材にこだわった
ラスク専門店
LET'S GO SHOPPING!!
Kusatsu Rusk
Caramel Almond
Earl Grey

**E 草津ラスク**
8枚入り各¥560～
やみつきになるサクサクの軽い食感と素材の味を生かしたラスク

かわいい牛乳瓶に入った
カラフルなボーロ
KUSATSU ONSEN
ナカヨシ堂
MILK

**C 牛乳瓶おいりボーロ**
¥550
虹色でほんのり甘い伝統の姫菓子「おいり」をかわいい瓶に詰めた逸品

草津の定番みやげ
温泉まんじゅう
松むら饅頭
くさつ

**F 松むら饅頭** 6個入り¥900
黒糖を使った薄皮の中に、自慢の自家製つぶ餡がぎっしり

温泉成分入り美容グッズ
からご当地サイダーまで
草津温泉
ハンドクリーム
湯けむりサイダー

**D ハンドクリーム**
3個入り¥1,632
草津温泉水入りで、しっとり潤いある肌に。ほのかにカボスの香り

**D 湯けむりサイダー**
140ml ¥230
群馬の名水・谷川連峰の天然水を使用したご当地サイダー

## 松むら饅頭本店 F
まつむらまんじゅうほんてん

温泉まんじゅうの老舗。職人が丹精を込めてふっくら炊き上げ作ったつぶ餡には、北海道産の小豆を使用。甘さひかえめでなめらかな食感が特長だ。売り切れ必至なので予約がおすすめ。

草津 ▶MAP 付録 P.4 B-2 ⓇⓇ

☎0279-88-2042 休 火曜、水曜不定休 ⏰8:00～17:00(売り切れ次第閉店) 📍草津町草津389 🚶草津温泉バスターミナルから徒歩5分 P なし

## グランデフューメ草津 E
グランデフューメくさつ

キャラメルでコーティングした「キャラメル・アマンド」や上品な香りが際立つ「アールグレイ」などの定番アイテムのほか、季節限定の味も随時登場。一口サイズにカットした食べやすいラスクも。

草津 ▶MAP 付録 P.5 D-2

0120-066-862 休 無休(時期により異なる) ⏰10:00～17:00(時期により異なる) 📍草津町草津594-4 🚶草津温泉バスターミナルから徒歩10分 P なし

## 湯の香本舗 D
ゆのかほんぽ

明治中期創業のみやげ店。地域限定菓子から草津らしい雑貨、入浴・美容グッズまでバラエティ豊かな品ぞろえを誇る。ミニ瓶の「湯けむりサイダー」もおみやげにぴったり。

草津 ▶MAP 付録 P.5 C-2

☎0279-88-2155 休 無休 ⏰8:00～21:30(土曜は～22:00、時期により異なる) 📍草津町草津110 🚶草津温泉バスターミナルから徒歩5分 P なし



「グランデフューメ草津」ではラスクをトッピングしたジェラート¥880が楽しめる。

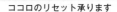

Traditional Style

歴史を感じるたたずまいにうっとり…

# あこがれの老舗旅館で極上STAY

風格漂う老舗旅館で、歴史を肌で感じながらお風呂や食事、部屋での時間を楽しみたい。
今も草津の街に当時の姿のままたたずむ名門旅館で、そんな贅沢な願いを叶えちゃおう！

Old Style

草津唯一の天然岩風呂を有する
雅な雰囲気に包まれた宿

歴史ある自家源泉を楽しめるよ

1

## 老舗の
## あこがれPoint

館内のあちこちに歴史を感じるインテリアや照明が配されている。落ち着いた気品のなかに華やかさもあり、現代であることを忘れさせるような空間

## ての字屋　てのじや

江戸末期に開業した老舗旅館。自慢は約1200年前から湧き出ているという、草津で唯一の自家源泉。乳白色の源泉が、岩盤から直接湧出している。客室は全12室で純和風の数寄屋造り。

**草津** ▶MAP 付録 P.5 C-2

☎0279-88-3177　IN 14:00
OUT 10:00　¥1泊2食付3万9750
円～　客和10、露天付和洋2
♀草津町草津360　🚌草津温泉バスターミナルから徒歩5分　P20台

1. 天然の岩風呂があるのは草津でここのみ。この風呂を求めて訪れる人も多い　2. 湯畑から100mほどの場所にある木造3階建ての旅館　3. 気品あふれる料亭のような雰囲気　4. 別邸には限定2組の温泉露天風呂付スイートルームもある

## 山本館 やまもとかん

江戸時代創業、全10室の温泉
宿。大正時代に建てられた木造
3階建ての建物は、数寄屋造り
の客室や総檜造りの内湯に和風
旅館の温かさがにじむ。白旗の
湯を引いた「若鹿の湯」は、子宝
の湯としても知られる。

草津 ▶MAP 付録 P.5 C-2
☎0279-88-3244 IN 15:00
OUT 10:00 ¥1泊2食付2万1000円～
🛏和10 📍草津町草津404
🚌草津温泉バスターミナルから徒歩
6分 🅿11台

1. 白く濁った湯をたた
える木造の内湯はレト
ロな雰囲気　2.客室は
2階と3階があり、湯畑
を望む部屋もある
3. 湯畑を目の前にたた
ずむ大正期築の建物

*Healing*
あこがれの老舗旅館

湯畑の源泉を引いた
せがい出し梁造りの宿

## 大阪屋 おおさかや

上階が張り出した「せがい出し梁造
り」という草津特有の様式が目をひ
く、明治時代開業の宿。純和風の
客室でくつろげる。まろやかな肌ざ
わりの温泉は、大浴場や露天風呂、
洞窟風の岩風呂(13:00～24:00
は貸切、1組¥800)で楽しめる。

草津 ▶MAP 付録 P.5 C-2
☎0279-88-2411 IN 14:00
OUT 11:00 ¥1泊2食付1万9000円～
🛏和31 📍草津町草津356
🚌草津温泉バスターミナルから徒歩6分
(バスターミナルから送迎あり、要連
絡) 🅿20台

1. 湯畑の源泉を楽しめる檜の露天風呂。内湯は御
影石を使用　2. 温泉街の中心に建つ純和風旅館
3. 夕食は上品な味わいの京懐石　4. 数寄屋造りの
純和風客室。上ът敷、中ът敷、新中ът敷がある

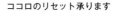

おしゃれな空間でここだけの滞在を

# モダンな温泉宿のおもてなし♡

リーズナブルな
宿が多いのも
うれしいね！

老舗旅館以外にも、草津には独自の雰囲気やもてなしを提供する個性的な宿がいっぱい！
女子にうれしいサービスも多いので、女子旅やカップル旅にぴったり。

かわいい
貸切風呂が
4種類！

和菓子店がプロデュースする
かわいい和モダン旅館

GOOD TIME

## 個性が光るおもてなし

### 「和菓子屋さんの ウェルカムスイーツ」

老舗和菓子店「清月堂」（❻P.46）がプロデュースするため、到着時には本格的な季節の和菓子でお出迎え。和菓子作り体験もできる（17時〜）

DELICIOUS!

## お豆の小宿 花いんげん

おまめのこやどはないんげん

全11室の客室はそれぞれ雰囲気が異なり、こぢんまりとしながらも居ごこちは抜群。夕食は付かないが、無料の貸切風呂、豆をテーマにした朝食など、うれしいサービスが充実。

**草津** ▶ **MAP** 付録 P.5 C-3

☎0279-88-3447　**IN** 15:00　**OUT** 10:00
¥1泊朝食付9300円〜 和11 草津町
草津92　草津温泉バスターミナルからすぐ　P6台

1. すべての部屋には“豆”の名前がつく。写真は 6畳＋3畳の「きんとき豆」の部屋
2. 貸切風呂は予約なしで空いていれば利用できる。定員は2〜4名　3. 恋愛成就を願う人におすすめのハート形の風呂　4. 彩り豊かでヘルシーなのもうれしい「健康お豆の朝食膳」　5. 黒い壁にカラフルなのれんが映える。湯畑も近い

充実のサービスがうれしい
湯畑近くの素泊まり宿

*Relax time*

1

## 湯畑の宿 佳乃や
ゆばたけのやどよしのや

湯畑からすぐという好立地にありながら、リーズナブルに利用できる素泊まり宿。アクティブに草津観光や食事も楽しみたいという人におすすめ。老舗旅館をモダンに改装した館内は、リラックスできる雰囲気。

**草津** ▶ **MAP** 付録 P.5 C-3

☎0279-88-2422　**IN** 15:00

**OUT** 10:00　¥1泊8800円～

🛏和3、洋11　♀草津町草津95

🚌草津温泉バスターミナルから徒歩3分

**P** 14台

1. ロッキングチェアーが置かれたラウンジ。チェックイン後や夜にほっとひと息つける場所　2. 客室はツイン、デラックスツイン、和室の3タイプ　3. 源泉掛け流しの内湯は男女1つずつ。外湯めぐりと併せて楽しみたい

個性が光るおもてなし
「 ロビーラウンジの
無料サービス 」

無料の軽朝食はパンやコーヒーを用意（7～9時）。湯上がりのアイスキャンディや作務衣の貸し出しなども好評

*Healing*

モダンな温泉宿

## ホテル クアビオ

美と健康をテーマに、オリジナルの食事プログラムと掛け流しの温泉、自然豊かな空間でもてなすリゾート。草津ならではの環境で、時間を忘れ体の中からリフレッシュできる。

**草津** ▶ **MAP** 付録 P.4 B-4

☎0120-89-0932　**IN** 15:00　**OUT** 11:00

¥1泊3食付2万9200円～　🛏洋11　♀草津町草津226-63　🚌草津温泉バスターミナルから徒歩13分（無料送迎あり）　**P** 10台

個性が光るおもてなし
「フレンチマクロビ」

華やかでおいしいフレンチスタイルのマクロビのほか、ジビエも人気。こだわりのオーガニック食材で体の中から美しく

ヘルシーな食事と
開放的な温泉で
心身ともにデトックス

*Extraordinary*

1. 暖炉のあるシンプルで居こちのよいラウンジ。周辺は森に囲まれている　2. 2000坪の敷地に11室のみ。ベランダからの景色にも癒される　3. 浅間山を望む前面開放の半露天風呂

「ホテル クアビオ」では2泊3日のファスティング（断食）プランも好評。美と健康に効果絶大。

Highland Drive

大人気リゾートまで足をのばして

# 草津から軽井沢へ、爽快！高原ドライブ

長野県の高原リゾート、軽井沢までは、草津温泉から車で1時間ほどの距離。
高原らしい開放的な風景を楽しみながら、草津～軽井沢間の名所をめぐろう！

みずみずしい緑がまぶしい！
どこまでも続くキャベツ畑

What a Beautiful View♡

嬬恋はキャベツの名産地

できたて地ビールを
料理とともに

B-1

B-2

Ⓐ約3000haの敷地を誇る嬬恋村のキャベツ畑。山とのコントラストもきれい　B-1 牛肉のビール煮込みやパスタなど、ビールとの相性も抜群のメニューがそろう　B-2 ブルワリーとレストランが隣接している　Ⓒ中腹には東京・上野東叡山寛永寺の別院、浅間山観音堂が建つ　Ⓓ木々の緑や太陽の光、水の透明感が生み出す神秘的な光景にうっとり　E-1 カラマツ林の中にたたずむおしゃれな建物。国の重要文化財　E-2 シックな赤いじゅうたんが、華やかな歴史を物語る　E-3 カラマツが立ち並ぶ「三笠通り」。旧軽銀座通り入口から旧三笠ホテルまでを結ぶ　F-1 上質なみやげ店が並ぶ約550mの道。つねに多くの人でにぎわう　F-2 「中山のジャム」(◉P.54)など、パッケージもかわいい瓶詰グルメをおみやげに

## Drive Course

Let's go!!

● 草津温泉
🚗 車で35分　25.8km

Ⓐ 高原キャベツ畑
🚗 車で18分　11km

Ⓑ 嬬恋高原ブルワリー
🚗 車で9分　6.8km

Ⓒ 鬼押出し園
🚗 車で10分　8.3km

Ⓓ 白糸の滝
🚗 車で13分　7.1km

Ⓔ 旧三笠ホテル
🚗 車で4分　2km

Ⓕ 旧軽銀座通り

START

GOAL

## A 高原キャベツ畑　こうげんキャベツばたけ

標高800〜1400mの高冷地で育てられ、国内有数の収穫量を誇る嬬恋村のキャベツ。春から夏にかけて、青々とした広大なキャベツ畑が広がる。

`嬬恋` ▶ **MAP** 付録 P.6 A-2

☎0279-97-3721(嬬恋村観光案内所)　🕐見学自由
📍嬬恋村田代　🚌草津温泉バスターミナルから車で35分　🅿なし ※見学は農作業の妨げにならないよう注意

## B 嬬恋高原ブルワリー　つまごいこうげんブルワリー

自家製ホップを原料に造るクラフトビールと、本格的な窯焼きピッツァが自慢のレストラン。地元産キャベツのサラダなど、サイドメニューも美味。

`嬬恋` ▶ **MAP** 付録 P.6 A-3　®

☎0279-96-1403　🕐10月下旬〜4月中旬 ※要HP確認
🌐https://www.tsumabru.com/
📍嬬恋村大笹2193-27
🚌JR万座・鹿沢口駅から車で15分　🅿30台

## C 鬼押出し園　おにおしだしえん

浅間山の噴火による溶岩がつくり出した奇勝地。浅間北麓ジオパークエリア内にある。春は高山植物、夏は涼、秋は紅葉、冬は雪景色と、一年中楽しめる。

`嬬恋` ▶ **MAP** 付録 P.6 A-3

☎0279-86-4141　🕐無休　🕐8:00〜16:30(閉園は17:00)　💴700円　📍嬬恋村鎌原1053　🚌JR軽井沢駅から鬼押出し園行きバスで40分、終点下車すぐ　🅿750台

## D 白糸の滝　しらいとのたき

岩肌から湧き出した地下水が、落差約3m、幅約70mにわたって流れ落ちる。夏と冬の夜にはライトアップも開催される。

`軽井沢` ▶ **MAP** 付録 P.6 B-4

☎0267-42-5538(軽井沢観光会館)　🕐見学自由
📍長野県軽井沢町長倉　🚌JR軽井沢駅から北軽井沢方面行きバスで25分、白糸の滝下車、徒歩5分　🅿300台

## E 旧三笠ホテル　きゅうみかさホテル

明治時代に日本人により建てられた純西洋式木造ホテル。当時の最先端・最高級の設備で、多くの著名人に愛された。レトロな内装がそのまま残る。

`軽井沢` ▶ **MAP** 付録 P.7 A-1

☎0267-45-8695(軽井沢町教育委員会)　📍長野県軽井沢町軽井沢1339-342　🚌JR軽井沢駅から北軽井沢方面行きバスで8分、三笠下車　※2020年より工事のため休館中、2025年にリニューアルオープン予定

## F 旧軽銀座通り　きゅうかるぎんざどおり

かつて中山道の軽井沢宿として栄え、現在は多くのレストランやショップが集まる軽井沢のマストスポット。買い物はもちろん食べ歩きも楽しめる。

`軽井沢` ▶ **MAP** 付録 P.7 B-2

☎0267-42-5538(軽井沢観光会館)　🕐店舗により異なる　📍長野県軽井沢町軽井沢　🚌JR軽井沢駅から北軽井沢方面行きバスで4分、旧軽井沢下車すぐ　🅿周辺駐車場を利用

BEAUTIFUL VIEW

溶岩がむき出しになった迫力満点の眺めは圧巻！　C

白糸のように落ちる幻想的な滝　D

レトロな西洋式ホテル　E

軽井沢のメインストリート

E-2

F-2

F-1

E-3

Let's go!

別荘地を通るリゾート感満点の道

---

## &MORE　フレッシュな高原牧場グルメ

### 浅間牧場茶屋　あさまぼくじょうちゃや

約800haもの広大な敷地に、約800頭の乳牛が放牧される「浅間牧場」の茶屋。名物のソフトクリームのほか、限定のオリジナルバターやチーズも見逃せない。

`北軽井沢` ▶ **MAP** 付録P.6 B-3

☎0279-84-3698　🕐無休(12〜3月は火・金曜休)　🕐8:30〜17:00(12〜3月は9:00〜16:00)　📍長野原町北軽井沢1990　🚌JR軽井沢駅から北軽井沢方面行きバスで34分、浅間牧場下車すぐ　🅿120台

1.「北軽井沢カマンベールチーズ」2.とれたてのミルクを使った「ソフトクリーム」¥400　3.1階はおみやげと軽食の店、2階はレストラン

---

高原ドライブ

Discovery

群馬県嬬恋村と長野県軽井沢町を結ぶ約16kmの「鬼押ハイウェー」は、景観抜群のドライブコース(有料)。

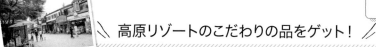

高原リゾートのこだわりの品をゲット!

# 旧軽銀座ですてきなおみやげ探し

浅野屋

多くの人でにぎわう旧軽銀座通りには、軽井沢らしい魅力的な店がいっぱい!
長く愛されるベーカリーやセンス抜群の雑貨店で、とっておきの逸品を見つけよう。

**B**
**左:ルバーブジャム**
**右:アサマブルーベリージャム**
(140g) 各¥648

ルバーブの酸味やブルーベリーの甘み、さわやかな香りがそのまま楽しめるジャム

**A ティーブレッド** ¥507
香り高いアールグレイの茶葉を使った、やさしい甘さのパン。定番人気

CUTE♡

**D**
**J STORES オーナメント**
各¥770～

焼き菓子やフランスパン、マドレーヌなどをモチーフにした布製のオーナメント。やわらかいフォルムがキュートで、手触りもいい

**C**
**左:リオナ**
**中央:アスピック**
**右:チキンパイ**
(1パック約100g)
各¥350

パプリカ、牛たん入りの「リオナ」と、独特の酸味が効いた「アスピック」、鶏肉とグリンピースのソーセージ「チキンパイ」

DELICIOUS

**A プレミアムフルーツライ** ¥2,485
定番のフルーツライに比べ、3倍のフランス産オレンジピールを使用

---

ここだけの一点モノが充実

**D yoito**
ヨイト

作家ものやアンティークの器など、一点ものの生活雑貨やインテリアを中心に扱う。暮らしをすてきに彩るアイテム探しにぴったり。

軽井沢 ▶ MAP 付録 P.7 B-2
☎0267-41-4112 休不定休(チャーチストリート軽井沢の休業日に準じる) ◯10:00～18:00 ♀長野県軽井沢町軽井沢601-1 チャーチストリート軽井沢1階 ♥JR軽井沢駅からバスで4分、旧軽井沢下車、徒歩5分 P30台(チャーチストリート軽井沢専用駐車場)

---

絶品手作りハム&ソーセージ

**C 軽井沢デリカテッセン**
かるいざわデリカテッセン

隣接の工場で手作りされたハムやソーセージが並ぶ。ドイツ職人直伝の直火式スモーク製法で、まろやかで深みのある味わいに。

軽井沢 ▶ MAP 付録 P.7 B-2
☎0267-42-6427 休木曜(7月下旬～8月は無休、冬季は水・木曜) ◯9:00～17:30(冬季は9:30～17:00) ♀長野県軽井沢町軽井沢657-6 ♥JR軽井沢駅からバスで4分、旧軽井沢下車、徒歩10分 Pなし

---

ラベルのイラストもCUTE!

**B 中山のジャム**
なかやまのジャム

初代が外国人宣教師からジャムの製法を学び、明治時代に創業した老舗ジャム店。新鮮な果物のおいしさを凝縮したジャムはおみやげに最適。

軽井沢 ▶ MAP 付録 P.7 B-2
☎0267-42-7825 休無休 ◯9:30～18:00(季節により変動あり) ♀長野県軽井沢町軽井沢750-1 ♥JR軽井沢駅からバスで4分、旧軽井沢下車、徒歩4分 Pなし

---

創業80年の老舗ベーカリー

**A ブランジェ浅野屋**
軽井沢旧道本店
ブランジェあさのやかるいざわきゅうどうほんてん

食パン形のかわいい看板が目印。スペイン産の石窯で焼き上げるパンは、常時50種以上がそろう。信州産の素材を使った限定商品も。

軽井沢 ▶ MAP 付録 P.7 B-2
☎0267-42-2149 休無休 ◯8:00～18:00(夏季は7:00～20:00、1～3月は9:00～17:00) ♀長野県軽井沢町軽井沢738 ♥JR軽井沢駅からバスで4分、旧軽井沢下車、徒歩5分 Pなし

## 旧軽ストリート MAP

- **E** QCUL ATELIER
- **D** yoito
- チャーチストリート軽井沢
- グロッサリーコートセルフィユ軽井沢銀座店
- 中山のジャム
- **G**
- **C** 軽井沢デリカテッセン
- 日本聖公会軽井沢ショー記念礼拝堂
- 旧軽銀座通り
- **B**
- **A**
- KARUIZAWA COFFEE COMPANY
- **F**
- ブランジェ浅野屋軽井沢旧道本店

---

**KUSATSU and...（旧軽銀座）**

**E** TAKUNOBU マグカップ
¥1,320〜
粉引きの陶器に描かれている繊細なタッチの動物たちはすべて一筆書き

**G**
左:デリディップ
オニオンマスタード
(110g) ¥810
右:デリディップ
ドライトマトマヨ
(100g) ¥702
野菜スティックはもちろん、パンの上にのせたりソーセージにつけたり、さまざまにアレンジできる

**D** milwaukie
ドライフラワーパネル
各¥1,485〜
標本風にした季節の植物や限定デザインのパネルが人気

**E** intro
レザーアクセサリー
各¥2,750〜
ヌメ革を手作業で色染めして作る革花アクセサリー

**F** KARUIZAWA
「森」(200g) ¥1,900
深呼吸したくなる軽井沢の森を表現した、飲みやすい深煎りのブレンド

### ココも立ち寄りたい！
**日本聖公会軽井沢ショー記念礼拝堂**
にっぽんせいこうかいかるいざわショーきねんれいはいどう
カナダ人宣教師、アレキサンダー・クロフト・ショーにより、約130年前に建設された。木造の建物が印象的。

軽井沢 ▶ MAP 付録 P.7 B-2
☎0267-42-4740　休不定休　⏰9:00〜17:00（冬季は〜16:00）　¥無料　♀長野県軽井沢町軽井沢57-1　🚌JR軽井沢駅からバスで4分、旧軽井沢下車、徒歩10分　Pなし

---

使い勝手バツグンの瓶モノ
**G** グロッサリーコート
セルフィユ 軽井沢銀座店
グロッサリーコートセルフィユかるいざわぎんざてん
ジャムやフルーツソース、野菜ディップなど、並ぶ商品は多彩。ディップはデリとスイートの2種類の風味があるので、試してみよう。

軽井沢 ▶ MAP 付録 P.7 B-2
☎0267-41-3228　休不定休（夏季は無休）　⏰10:00〜18:00（夏季は延長あり）　♀長野県軽井沢町軽井沢606-4　🚌JR軽井沢駅からバスで4分、旧軽井沢下車、徒歩5分　Pなし

---

自家焙煎コーヒー豆の専門店
**F** KARUIZAWA
COFFEE COMPANY
カルイザワコーヒーカンパニー
"コーヒーを飲む贅沢でゆとりのある時間を提供したい"と2016年にオープン。豆の調合から焙煎度合いなど、好みに合わせて選べる。

軽井沢 ▶ MAP 付録 P.7 B-2
☎0267-41-0697　休無休（臨時休あり）　⏰9:30〜18:00　♀長野県軽井沢町軽井沢748-6　🚌JR軽井沢駅からバスで4分、旧軽井沢下車、徒歩5分　Pなし

---

個性豊かなハンドメイド作品
**E** QCUL ATELIER
キュウカルアトリエ
全国から作家作品を集めて販売。常時30名前後の作家の作品を取り扱い、作家は順次入れ替わる。店内のコーディネイトもおしゃれ。

軽井沢 ▶ MAP 付録 P.7 B-2
☎0267-31-6979　休不定休（チャーチストリート軽井沢の休業日に準じる）　⏰10:00〜18:00　♀長野県軽井沢町軽井沢601-1 チャーチストリート軽井沢1階　🚌JR軽井沢駅からバスで4分、旧軽井沢下車、徒歩5分　P30台（チャーチストリート軽井沢専用駐車場）

---

55　「ブランジェ浅野屋」の隣にあるレトロな建物は「軽井沢観光会館」。観光情報を提供しているので、散策の合間に立ち寄ろう。

\ 木漏れ日が降り注ぐ上質空間 /

# 軽井沢の 極上ランチ＆スイーツ

地元の新鮮な野菜をたっぷり使ったランチや、手間をかけたおいしいスイーツ。
軽井沢で味わう料理はちょっと特別♪ 窓から望む緑や落ち着いたインテリアも魅力的。

## オーベルジュ・ド・プリマヴェーラ

軽井沢フレンチの草分け的存在ともいえるフレンチオーベルジュの名店。契約農家や自家農園で採れた野菜やハーブ、産地直送の魚介や地元のジビエなど、季節の素材を目にも鮮やかな一皿に仕上げる。シェフのアイデアと技術が光る料理はどれも感動の味わい。

**軽井沢** ▶ **MAP** 付録 P.7 A-3 ®

☎0267-42-0095 休水・木曜(夏・冬季は不定休、要問い合わせ) ⏰12:00〜、17:30〜
♥長野県軽井沢町軽井沢1278-11
♥JR軽井沢駅から徒歩10分 P15台

ラグジュアリーな雰囲気の名オーベルジュ

**menu**
コース
¥8,800(サ別)〜
(アミューズ、前菜、魚料理 or 肉料理、デザート、ドリンク)

1

2　3

1.「緑の衣をまとったスズキ 野菜のアレンジメント添え」
2.「布引イチゴのリ・オレ」 3.「高原野菜とオマールエビのテリーヌ オレガノ風味」(料理はいずれもイメージ) 4. 美しい中庭の景色が楽しめるエレガントな空間 5. 木立に囲まれたリゾート感満点のロケーション

カジュアルに楽しむ鉄板ピッツァ

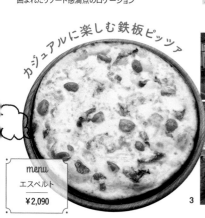

**menu**
エスペルト
¥2,090

3

1

2

## トラットリア・プリモ

ボリューム満点のイタリアンをリーズナブルな価格で提供する。鉄板のまま提供されるピッツァは最後までアツアツ。種類豊富なパスタや自家製ドルチェもオーダーしたい。

**軽井沢** ▶ **MAP** 付録 P.7 A-3

☎0267-42-1129 休不定休 ⏰11:30〜14:45(L.O.)、17:00〜20:30(L.O.、時期により異なる) ※予約不可、昼夜ともに先着200名限定 ♥長野県軽井沢町軽井沢330-8 ♥JR軽井沢駅から徒歩15分 P23台

1. 大きな窓と高い天井が開放的
2. グッドデザイン賞を受賞したおしゃれな店
3. チーズとバジル、セミドライトマトの相性が抜群

## 8時間かけたコーヒーとチョコケーキのハーモニー

**menu**

チョコレートケーキ

¥700

アイスコーヒー

¥800

1. 銅製カップで冷やされた水出しアイスコーヒーと、濃厚な自家製ケーキとの幸せな組み合わせ
2. 軽井沢駅からすぐとは思えない、緑に囲まれた静かな空間

### 旦念亭　たんねんてい

創業約40年のコーヒー店。店内ではクラシカルな時計がゆっくりと時を刻む。名物は香り高いコーヒーと、4日間かけて作る口どけのやさしいチョコレートケーキ。

[軽井沢] ▶ MAP 付録 P.7 B-4

☎0267-42-5616　休水曜、ゴールデンウィークと8月は無休　🕐9:00～18:30(閉店は19:00)、ゴールデンウィーク、7～9月は8:00～17:30(閉店は18:00)　♀長野県軽井沢町軽井沢東4-2　🚌JR軽井沢駅からすぐ　🅿11台

### 旧軽井沢 Cafe涼の音　きゅうかるいざわカフェすずのね

国登録の有形文化財に指定された旧松方家別荘を改装したカフェ。建築された昭和初期の暖炉や家具も残り、趣ある雰囲気のなかでゆったりと過ごせる。

[軽井沢] ▶ MAP 付録 P.7 B-2

☎0267-31-6889　休水曜(冬季休業あり)　🕐9:00～16:30(閉店は17:00)　♀長野県軽井沢町軽井沢972 ハウス1138　🚌JR軽井沢駅からバスで4分、旧軽井沢下車、徒歩10分　🅿なし

1. リビングダイニングとして使用されていた1階席と、苔庭に面したテラス席がある
2. 季節のフルーツがたっぷり盛られた数量限定のフレンチトースト

## レトロモダンなカフェでカラフルスイーツを

**menu**

フレンチトースト

¥1,210

### 軽井沢星野エリア ハルニレテラス
かるいざわほしのエリアハルニレテラス

ハルニレの木立に囲まれた自然豊かな空間に、レストランやセレクトショップが並ぶ。敷地内には随所にくつろげるスペースが設けられ、のんびりと過ごせる。

[軽井沢] ▶ MAP 付録 P.6 B-4

☎050-3537-3553　休無休　🕐10:00～18:00、レストランは11:00～21:00(閉店は22:00)　♀長野県軽井沢町星野　🚌JR軽井沢駅からバスで20分、星野温泉トンボの湯下車すぐ　🅿250台

\PICK UP/

### 自然あふれるおしゃれスポット ハルニレテラス

▷▷▷▷▷▷▷▷▷▷▷ 注目SHOP ◁◁◁◁◁◁◁◁◁◁◁

### CRAFY・glänta
クラフィ グレンタ

気軽に作れる指輪工房。初めてでも思い通りの指輪作りができるようスタッフがていねいにサポート。

☎0120-989-121(CRAFY)
☎0267-46-9886(glänta)　休無休　🕐10:00～19:00

### HARVEST NAGAI FARM
ハーヴェストナガイファーム

浅間山麓にある永井農場直営のジェラート店。フレーバー豊富なジェラートは、シングル¥400～。

☎0267-31-0082　休無休　🕐10:00～18:00(時期により異なる)

冬季休業する店も多い軽井沢。営業期間や再開の時期などは各店のHPや電話でチェック!

**Kusatsu Play Spot**

## 温泉街からひと足のばして
### 草津のおすすめプレイSPOT
自然を感じる&カラダを動かす！

PLAY!!

自然に恵まれた草津には、温泉街以外にも遊べるスポットが充実！
夏限定のプレイゾーンや冬も遊べるプールなどでアクティブに楽しもう。

標高1300mの高原の風を感じよう！

### 夏の高原で多彩なアクティビティを

## 草津温泉スキー場 天狗山プレイゾーン
くさつおんせんスキーじょうてんぐやまプレイゾーン

草津温泉スキー場が夏季はさまざまな遊びが楽しめるプレイゾーンに。スリル満点の「BanZip TENGU」や「SKY SWING」、家族で遊べるパターゴルフ、マウンテンカートなど多彩なアクティビティがそろう。

**草津** ▶**MAP** 付録 P.4 A-3
☎0279-88-8111（草津温泉スキー場）　休荒天時、11月中旬～4月中旬　営4月下旬～11月上旬9:00～16:00（閉場は17:00）　料BanZip TENGU 2000円、SKY SWING 600円ほか　♀草津町草津白根国有林158林班　♣草津温泉バスターミナルから徒歩20分　℗1260台

GREAT VIEW!!

1. 高さ10mの日本一のっぽなブランコ「SKY SWING」　2. 天狗山を空から楽しめるスリル満点のジップライン「BanZip TENGU」　3. 家族みんなで遊べるパターゴルフ　4. 親子で乗れるマウンテンカート

Enjoy!!

緑あふれる森で空中トレッキング！

1. 2種類のコース、全47種のアトラクションがお出迎え　2. 爽快に宙を舞うジップスライダー

### 樹上を駆けめぐる森の冒険アクティビティ

## 草津フォレストステージ
くさつフォレストステージ

全長640m、最高点10m超のスリル満点の樹上アスレチック。入門編と本格派の2コースがあり、森の木々を渡りながら、ジップスライダー、タイヤ渡りなどのアトラクションにチャレンジ！

**草津** ▶**MAP** 付録 P.4 B-3
☎0570-01-3232　休木曜、荒天時、11月下旬～3月下旬　営4月上旬～12月上旬9:00～15:50（最終受付）※時期・コースにより異なる　料マスターステージ3850円、フェアリーステージ1870円　♀草津町草津618　♣草津温泉バスターミナルからホテルまでの無料送迎あり（定期便）　℗60台

### 標高1200mの高原にある日帰りリラクセーション施設

## プール&温泉 テルメテルメ
プールアンドおんせんテルメテルメ

広大なベルツの森にある「草津温泉 ホテルヴィレッジ」に併設された施設。プールゾーン、温泉ゾーン、リラックスゾーンなどからなり、水着や遊具のレンタルもあるので手ぶらで楽しめる。サウナも種類豊富に用意。

**草津** ▶**MAP** 付録 P.4 B-3
☎0570-01-3232　休不定休
営11:00～19:30（土・日曜、祝日10:00～）　料930円～
♀草津町草津618　♣草津温泉バスターミナルからホテルまでの無料送迎あり（定期便）　℗60台

ドイツの温泉保養施設をヒントに誕生！

1. 一年中入れる快適な温水プール。夏休み期間中は屋外プールも開放している　2. 希少な源泉「わたの湯」は男女入れ替え制。事前予約制で貸切や時間湯体験もできる

# 古い石段が風情を醸す
# *Ikaho*

石段を上りながら、両脇に並ぶ
店にぶらり立ち寄ろう。街の頂
上に凛とたたずむ神社と橋を訪
れたら、温泉に浸かってほっこり♪

Have a
nice time
in IKAHO♪

**河鹿橋**
かじかばし
≫P.63

レトロ＆かわいい風景がいっぱい！

# 風情あふれる 石段街 をそぞろ歩き

伊香保神社へと向かう石段に沿って、旅館やみやげ物店などが並ぶ。
ノスタルジックな雰囲気で人気再燃中の温泉街を、浴衣で散策しよう。

400年以上の歴史をもつ伊香保温泉のシンボル、石段街。365段の石段の両脇には、徳冨蘆花や竹久夢二、与謝野晶子など多くの文人に愛された歴史ある温泉宿が建ち並ぶ。足湯やみやげ物店、食べ歩きグルメでひと息つきながら、ゆっくりと石段を上っていこう。ふと後ろを振り返ると、石段街の背後に雄大な自然が広がる。写真に撮りたくなるようなレトロな風景や温かい人とのふれあいに、体も心もほっと癒される。

ノスタルジックな石段街に、カラ

**USABURO KOKESHI
IKAHO CAFE & GALLERY**

伊香保温泉
露天風呂

伊香保温泉飲泉所

河鹿橋

伊香保ロープウェイ
見晴駅へ

鉄分たっぷり黄金の湯

紅葉橋

山頂から赤城山や谷川岳を望める

記念碑と玄関で使用していた盗賊石のみが残る

御用邸跡

伊香保神社

湯元通り

湯沢通り

湯沢川

伊香保温泉

民芸
山白屋

伊香保焼
花山うどん

伊香保石段店
岸権 辰の湯
なつかし屋本舗

処々や

石段街

石段の湯

石段街案内所

石段
玉こんにゃく

徳冨蘆花
記念文学館

石段街口
交差点

一文字通り

関屋橋

渋川駅へ

榛名湖へ

高低差がある温泉街の移動はタウンバスが便利

## TOTAL 1.5H

**BEST TIME**

12 — 9 — 15 — 18

**ROUTE**
まずは神社をめざして
石段を上ろう。石段の
上までバスでも行ける

60

アヒルに紛れて
違う子も!?
探してみてね

**IKAHO ONSEN**

石段街さんぽ

こけしカステラは
焼きたて
ホカホカ♪

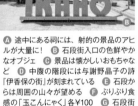

Ⓐ 途中にある祠には、射的の景品のアヒルが大量に! Ⓑ 石段街入口の色鮮やかなオブジェ Ⓒ 景品は懐かしいおもちゃなど Ⓓ 中腹の階段には与謝野晶子の詩『伊香保の街』が刻まれている Ⓔ 石段からは周囲の山々が望める Ⓕ ぷりぷり食感の「玉こんにゃく」各¥100 Ⓖ 石段街の入口付近に立つ伊香保温泉の碑 Ⓗ 石段街にできた卯三郎こけし(≫P.78)の店舗 Ⓘ おかっぱこけしの形をした一口サイズのふんわりカステラは甘さひかえめ

---

**ⒽⒾ**

テイクアウトでほっと一息

## USABURO KOKESHI IKAHO CAFE & GALLERY

ウサブロウコケシイカホカフェアンドギャラリー

こけし工房が開いたカフェ。本格コーヒーや焼きたての「こけしカステラ」をテイクアウトできる。

伊香保 ▶ **MAP** 付録 P.8 A-2

☎050-8888-0850
✖水曜(臨時休あり)
🕐9:30〜16:30
📍渋川市伊香保町伊香保50-3
🚌伊香保温泉バス停から徒歩5分 Ｐなし

---

**Ⓒ**

童心に返って遊ぼう!

## なつかし屋本舗

なつかしやほんぽ

射的や輪投げなど昔懐かしい遊びがそろう遊技場。店内にはレトロな看板や昭和スターのポスターが貼られ、タイムスリップした気分に。

伊香保 **MAP** 付録 P.8 A-2

☎080-9210-5547(店長携帯)
✖不定休 🕐10:00〜17:30
💴射的8発500円 📍渋川市伊香保町伊香保47 🚌伊香保温泉バス停から徒歩5分 Ｐなし

---

**Ⓕ**

散策のおともにぴったり♪

## 石段玉こんにゃく

いしだんたまこんにゃく

醤油がしみた串刺しのこんにゃくを、ワンハンドで気軽に楽しめる。お好みで店頭の辛子をつけていただくこともできる。

伊香保 **MAP** 付録 P.8 A-2

☎0279-26-7234(和の店 小路)
✖月〜金曜(繁忙期は無休) 🕐9:00〜17:30
📍渋川市伊香保町伊香保76-5
🚌伊香保温泉バス停から徒歩5分 Ｐなし

---

**CHECK!**

## 宿泊先で色浴衣をレンタル!

伊香保温泉には色浴衣を借りられる宿が多いので、好みの浴衣に着替えて石段街を散策できる。料金などは各宿に確認を。(≫P.74〜)

画像提供:伊香保温泉 福一

# 伊香保

風情あふれる
**石段街**をそぞろ歩き

お祭りまでもう
ひと踏ん張り！

石段で
疲れた足が
癒される～♪

J めん、つゆとも2種類が付く「石段あい盛り二味」¥1,050 K 石段街の中腹にあるので休憩にぴったり L 山白屋の店内。ところ狭しと、おみやげや調度品が並ぶ。見ているだけでも楽しい M 鳥居をくぐったら最上部まではあと少し N 伊香保の名産品・下駄をミニサイズにした「お守り下駄」各¥1,500 O 和モダン柄のがま口はサイズも豊富 P 「抹茶ソフトクリーム入りあんみつ」¥600（左）と大ぶりのたこが入った「伊香保焼」¥500（右）Q 境内からの眺めも必見 R 「えんむすび」の絵馬は¥500 S 男女別でそれぞれ脱衣所もある T 生い茂る木々がすがすがしい。橋の下には川が流れる U 秋には橋周辺のモミジ、クヌギ、カエデなどが一斉に色づく

---

**P 小腹がすいたらパクリ♪**

## 伊香保焼 処々や
いかほやきここや

石段街を上った突き当たりにある軽食の店。名物の「伊香保焼」のほか、ソフトクリームやあんみつなどのスイーツもおすすめ。

`伊香保` ▶ **MAP** 付録 P.8 A-2
☎0279-72-2156 休水曜（祝日の場合は営業）、木曜不定休 ⏰10:00～17:00 📍渋川市伊香保町伊香保10 🚌伊香保温泉バス停から徒歩8分 Pなし

---

**LNO かわいらしい和雑貨がずらり**

## 民芸 山白屋
みんげいやましろや

ウサギや伊香保けたなどをモチーフにした民芸品の店。レトロモダンな柄の和雑貨なども豊富で、自分用のおみやげ探しにも最適。

`伊香保` ▶ **MAP** 付録 P.8 A-2
☎0279-72-2242 休不定休 ⏰10:00～18:00 📍渋川市伊香保町伊香保12 🚌伊香保温泉バス停から徒歩8分 Pなし

---

**J ランチには群馬名物を**

## 花山うどん 伊香保石段店
はなやまうどんいかほいしだんてん

群馬の名物であるひも川うどん専門店。築100年以上の古民家をリフォームした店舗は、伊香保石段街の街並みによく似合う。

`伊香保` ▶ **MAP** 付録 P.8 A-2
☎0279-26-8066 休火曜 ⏰11:00～15:30 📍渋川市伊香保町伊香保20 🚌伊香保温泉バス停から徒歩8分 Pなし

---

**K 老舗旅館の足湯でひと休み**

## 岸権 辰の湯
きしごんたつのゆ

400年以上続く老舗宿「岸権旅館」の前にある足湯。黄金の湯を掛け流しにした足湯は、誰でも無料で利用できる。タオルは持参を。

`伊香保` ▶ **MAP** 付録 P.8 A-2
☎0279-72-3105（岸権旅館）休不定休 ⏰8:00～19:00 ¥無料 📍渋川市伊香保町伊香保48 🚌伊香保温泉バス停から徒歩5分 Pなし

願いを込めて
奉納所に絵馬を
結ぼう

*Beautiful*

IKAHO ONSEN

石段街さんぽ

秋は伊香保随一の
紅葉スポットに！

新緑も紅葉も
それぞれ趣が
あります♪

**S**
### 源泉に最も近い露天風呂
## 伊香保温泉露天風呂
いかほおんせんろてんぶろ

竹垣に囲まれた野趣あふれる公衆の露天風呂。空気に触れると茶褐色になる黄金の湯を、掛け流しで楽しめる。

伊香保 ▶ **MAP** 付録 P.8 A-4
☎0279-72-2488 休第1・3木曜(祝日の場合は営業) ▲9:00～17:30(閉場は18:00、10～3月は10:00～) ￥450円 ♀渋川市伊香保町伊香保581 ♥伊香保温泉バス停から徒歩18分 ▣18台(河鹿橋駐車場を利用)

**T U**
### 伊香保随一の紅葉スポット
## 河鹿橋
かじかばし

ゆるやかなアーチを描く朱塗りの太鼓橋。新緑の時季は緑とのコントラストがきれい。秋には紅葉の名所として人気の撮影スポットに。

伊香保 ▶ **MAP** 付録 P.8 A-4
☎0279-72-3151(渋川伊香保温泉観光協会) ▲見学自由 ♀渋川市伊香保町伊香保 ♥伊香保温泉バス停から徒歩15分 ▣18台

**M O R**
### 縁結びの神社として有名
## 伊香保神社
いかほじんじゃ

石段を上りきった高台にある、1200年近くの歴史を誇る古社。縁結びや子授けにご利益があるといわれる伊香保のパワースポット。

伊香保 ▶ **MAP** 付録 P.8 A-3
▲非公開 ▲境内自由 ♀渋川市伊香保町伊香保2 ♥伊香保温泉バス停から徒歩10分 ▣なし

散策に疲れたら
ランチ&スイーツに
癒されよう♪

Break Time

落ち着ける雰囲気もGOOD！

# 温泉街のおいしいもの、いただきます！

石段街の周辺には、落ち着いた雰囲気の食事処やカフェが点在。
伊香保らしい情緒を感じる店内で、地元の素材を使ったランチやほっこり甘〜いスイーツを楽しもう。

\ LUNCH /

古民家を改装したカフェで
ぐつぐつのこだわりカレーを

RICH CURRY!!

**menu**
石焼きぜいたくカレー
¥1,480

\ SWEETS /

1. トロトロの角煮のほか旬の野菜がたっぷり　2. 店内のインテリアも落ち着いた色で統一　3. 老舗旅館が並ぶ通りにある。メニュー看板が目印　4. 湯の花まんじゅうの人気店「勝月堂」のアンティークコレクションを展示　5. カフェタイムには、ドリンク付の「きな粉と黒蜜のパンケーキ」¥1,200を

## 大正浪漫 黒船屋
たいしょうろまんくろふねや

「横手館」（▶P.19）の一部を改装したカフェ。漆喰の白壁に黒を基調とした店内は、店名のとおり大正モダンを意識した造り。看板メニューの「石焼きカレー」は、上州のブランド豚、とことんの角煮がゴロッと入る贅沢な一品。

伊香保 ▶ MAP 付録 P.8 A-2

☎0279-20-3962　⚫木曜、不定休あり　🕐11:00〜15:00（土・日曜、祝日は〜16:00）　📍渋川市伊香保町伊香保20　🚌伊香保温泉バス停から徒歩5分　🅿なし

\LUNCH/

ブランド豚・和豚もちぶたにこだわったとんかつの店

menu
カツライス
¥1,800

1. カツカレー¥2,000、ソースカツ重¥1,500もおすすめ
2. アットホームな雰囲気の座敷で味わえる　3. 石段街の入口、伊香保関所の向かいにある

## 四季彩　しきさい

石段街の下段に位置するとんかつの人気店。ブランド豚・和豚もちぶたを使用した揚げたてのとんかつは、甘みたっぷり、やわらかくジューシーで、肉のうまみを堪能できる。

伊香保　▶ MAP 付録 P.8 A-2
☎0279-72-3917
休水曜
⏰11:00～18:00（土曜、休前日は～20:00）　♥渋川市伊香保町伊香保78　♥石段街入口バス停から徒歩5分　🅿3台

## 楽水楽山　らくすいらくさん

老舗旅館「千明仁泉亭」の1階にあるカフェ&バー。宿泊客以外も利用でき、昼はコーヒー、夜はカクテルなどが楽しめる。店内では作家による花器や雑貨などの販売も行なう。

伊香保　▶ MAP 付録 P.8 A-2
☎0279-72-3355　休不定休
⏰9:00～17:30（閉店は18:00）、18:00～23:30（閉店は24:00）、12～3月の夜は～23:00（閉店は23:30）　♥渋川市伊香保町伊香保45 千明仁泉亭1階　♥伊香保温泉バス停から徒歩5分　🅿なし

1. ココナツオイルを使った甘さひかえめの手作りケーキ　2. 店内はモダンな家具が置かれ落ち着いた雰囲気　3. 昼はカフェ、夜はバーとして利用できる

老舗旅館のレトロなカフェ&バー

menu
抹茶のシフォンケーキ
¥550

\SWEETS/

1

menu
ガトーショコラセット
¥770

\SWEETS/

民芸品に囲まれて憩いのひとときを

1

1. 外はさっくり、中はしっとりの濃厚な味わい　2. コーヒーと相性抜群の「チーズケーキセット」¥770
3. アンティーク家具に囲まれ懐かしい雰囲気の店内

## 茶房てまり　さぼうてまり

全国の民芸品や郷土玩具を取りそろえる「諸国民芸てんてまり」（▶P.68）の1階にある喫茶コーナー。石段街から路地に入ったところにある隠れ家的な店内で、オリジナルスイーツがいただける。

伊香保　▶ MAP 付録 P.8 A-2
☎0279-72-2144　休水曜　⏰10:00～17:00（閉店は17:30）、土・日曜、祝日は～17:30（閉店は18:00）　♥渋川市伊香保町伊香保76-2　♥伊香保温泉バス停から徒歩5分　🅿なし

「楽水楽山」がある「千明仁泉亭」は、徳冨蘆花が定宿にしていた創業520余年という老舗宿。

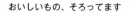

Tsuru-Shiko

群馬が誇る日本3大うどんを食す！

# 食感が楽しい！ 名物·水沢うどん

伊香保温泉から車で10分ほどのところに、十数軒のうどん店が軒を連ねる"水沢うどん街道"がある。
讃岐、稲庭と並ぶ日本3大うどんを味わわずして帰れない！

**What's 水沢うどん**
その昔、水澤観世音で参拝客に振る
舞われたのが始まりといわれる。弾力
の強いツルツルとした麺が特徴

**水沢うどん街道**

伊香保温泉
麺彩房 田丸屋 → 清水屋
水澤観世音 → 大澤屋第一店舗
三升屋
水沢バス停
氷澤亭 → 山源
**15**
うどん茶屋水沢
万葉亭 → 前橋

1

**menu**
布袋様福膳
(二色つゆ)
¥2,145

**CHECK!**
珍しいうどんにも
TRY!

四角四面膳　¥2,420
薄い生地を正方形に切
って茹でた麺は、よく噛
むと国産小麦の甘みが
口に広がる

3
2
1. ごまと醤油の2種類
のつゆ、天ぷら、料
理3品が付く　2. 店
内は風格がありながら
も和モダンな雰囲気
3. 季節の草花が彩る
立派な中庭も　4. 水
沢うどんの本家として
伝統を守り続ける

4

## 麺彩房 田丸屋　めんさいぼうたまるや

創業からこだわり続ける
伝統の麺とつゆを堪能

創業430余年という水沢うどんの元
祖。伝統の手法で旦念に作るコシ
の強い麺と、ていねいにだしをとっ
た秘伝のつゆは絶品。四角いうど
んや全粒粉で作るうどんなど、珍
しいメニューも味わってみたい。

渋川　▶MAP 付録 P.9 D-4
☎ 0279-72-3019　休水曜
🕘 9:00～15:00(売り切れ次第閉店)
📍 渋川市伊香保町水沢206-1
🚌 水沢バス停からすぐ　🅿100台

Gourmet

TSURU TSURU

水沢うどん

**menu**
ざるうむどん(中)
¥1,100

1. 厳選した小麦や食材で作る料理はすべて手作り
2. 木の温かみが感じられる店内　3. 白揚げ小鉢セットは＋¥880。事前予約で、金額に応じたメニューにない料理も用意してくれる

## 清水屋 しみずや

### 一子相伝の手打ち麺が自慢

生地には国産小麦や群馬県産の地粉を使い、伝統の手ごね、足踏みでコシの強い麺に仕上げる。自家製のごまだれは、なめらかですっきりとした味わい。揚げ物など一品料理と併せて楽しもう。

渋川　▶MAP 付録 P.9 D-4
☎0279-72-3020
㊡木曜(祝日の場合は営業)
🕐10:30〜14:30(L.O.)
📍渋川市伊香保町水沢204
🚌水沢バス停からすぐ
🅿30台

## うどん茶屋水沢 万葉亭 うどんぢゃやみずさわまんようてい

### おいしい水で仕込んだ麺と豆腐

水沢の水と自然、伝統から生まれる水沢うどんと、手作り豆腐「水沢とうふあわ雪」¥495が人気の店。モンドセレクションで最高金賞を受賞したうどんや豆腐は、売店で購入可能。

渋川　▶MAP 付録 P.9 D-4
☎0279-72-3038　㊡無休　🕐10:30〜14:30、土・日曜は〜15:00(いずれもL.O.)、売店は9:30〜15:00、土・日曜は〜15:30　📍渋川市伊香保町水沢48-4　🚌水沢バス停から徒歩5分、またはフリー乗降可能な群馬バスで店舗前下車まで　🅿100台

1. 良質な粉を用いたうどんに、まいたけの天ぷらや山菜の小鉢が付く
2. 広々とした敷地にたたずむ店。売店は品ぞろえ豊富

DELICIOUS

**menu**
上州御膳
¥1,650

---

**&MORE**

### 温泉街ならココ！ 新感覚のカレー版水沢うどん

**游喜庵** ゆうきあん

水沢うどん街道に店を構える名店「大澤屋」が運営するカレーうどん専門店。自社のうどんとの相性を考え、研究を重ねて作られたカレーソースは本格的な味わい。

伊香保　▶MAP 付録 P.9 C-2
☎070-1062-5886　㊡水曜　🕐10:30〜16:30(L.O.)、冬期は短縮営業の場合あり　📍渋川市伊香保町伊香保544-130 食の駅伊香保店内　※2024年秋に移転予定　🚌見晴下バス停からすぐ　🅿80台

1. 20種類以上のスパイスに「大澤屋」のつゆを足した合挽き肉のカレーうどん　2. 群馬の特産品が集まった「食の駅」内

キーマ
＋揚げ野菜
トッピング
¥1,400

CHECK SOUVENIR

Local Specialty

# 民芸品から名店の味まで！
# 伊香保おみやげSELECTION

キュートなウサギのこけしもあるよ

石段街を中心に、個性豊かなみやげ物店がそろう伊香保温泉。
和雑貨や定番和菓子など、もらってうれしいアイテムがずらり。

**Ⓐ がま口バッグ ¥3,300**
浴衣に合わせたいレトロモダン柄のバッグ。柄は種類豊富

**Ⓐ うさぎ油取紙**
**各¥450**
ウサギの形の油取り紙でスキンケア。色違いで友達へのおみやげに

**Ⓐ 子安姫・子宝ぼうず**
**各¥3,300**
子宝の湯、伊香保温泉にちなんだこけし。やさしい表情がかわいらしい

🛍 GOODS ✂

持ち歩きたくなる＆家に飾りたくなるかわいい雑貨が集結！旅の思い出にどうぞ♪

**Ⓑ 猫の箸置き**
**各¥660**
猫のさまざまな表情が愛らしい。箸を置くのも楽しそう

**Ⓑ 御殿まり**
**¥330〜6,600**
昔ながらの女の子の遊び道具。色鮮やかなので飾っても♪

**Ⓑ コースター**
**各¥385〜**
布製のコースター。かわいいモチーフでテーブルを彩って♪

**げた 1足 Ⓒ**
**¥3,500〜**
伊香保の伝統工芸品。好みのげた板と鼻緒をチョイス。足に合わせて調整してくれる

---

### Ⓓ清芳亭
せいほうてい

**伝統の味をおみやげに**

北海道産の小豆を使った上質な餡と、赤砂糖を使った薄い皮が特徴。甘さひかえめで小ぶりなので食べやすい。季節の和菓子もぜひ。

**伊香保 ▶MAP付録 P.9 C-1**
☎0279-20-3939 休無休
🕐8:00〜17:00
📍渋川市伊香保町伊香保544-38
🚌見晴下バス停からすぐ
🅿20台

### Ⓒ吉野屋物産店
よしのやぶっさんてん

**げたを買うならココ！**

明治時代創業のげた専門店。手づくりのげたや伊香保の民芸品を販売。鼻緒は200種類あり、挿げ替えやげたの簡単な修理も行っている。

**伊香保 ▶MAP付録 P.8 A-3**
☎0279-72-2052 休不定休
（祝日の場合は営業）🕐9:00〜18:00（時期により異なる）
📍渋川市伊香保町伊香保9
🚌伊香保温泉バス停から徒歩8分 🅿なし

### Ⓑ諸国民芸てんてまり
しょこくみんげいてんてまり

**懐かしい民芸品が並ぶ**

素朴な美しさが魅力の、国内の民芸品や郷土玩具を販売。素朴なおもちゃは見ているだけで癒される。「茶房てまり」（▶P.65）も併設。

**伊香保 ▶MAP付録 P.8 A-2**
☎0279-72-2144 休水曜
🕐10:00〜17:30（8月、土・日曜、祝日は18:00）
📍渋川市伊香保町伊香保76-2
🚌伊香保温泉バス停から徒歩5分 🅿なし

### Ⓐ民芸 山白屋
みんげいやましろや

**大人かわいい和雑貨店**

ウサギをモチーフにしたアイテムを中心に、約1000点もの和雑貨がそろう。旅館の若女将らが企画・プロデュースした石鹸も人気。

**伊香保 ▶MAP付録 P.8 A-2**
☎0279-72-2242 休不定休
🕐10:00〜18:00
📍渋川市伊香保町伊香保12
🚌伊香保温泉バス停から徒歩8分 🅿なし

Yummy!

Delicious

ショーケースには個性豊かなプリンが並ぶ

**E**
左:カスタード¥330
中央:チョコレート¥330
右:伊香保プリン¥330
素材にこだわったなめらかでクリーミーなプリン。伊香保プリンは昔懐かしい硬めタイプ

ONSEN MANJU Cut!

**D** 湯の花まんじゅう
6個入り ¥800
ふんわりとした薄皮と甘すぎないこしあんのバランスが絶妙。1個¥120

**G** 寿々虎
各¥120
餡には煮豆の王様と呼ばれるとら豆を使用。焼きたてはパリッと、翌日はしっとり

# FOODS

名物の「湯の花まんじゅう」はもちろん、人気のプリンも老舗の味も食べ尽くそう!

COFFEE

**F** 石段あんにん
各¥400
白銀の源泉をイメージした、ぷるぷるでなめらかな杏仁豆腐

KAWABA BEER **H**
(330㎖) 各¥440
きれいな水で造られた「道の駅 川場田園プラザ」のオリジナル地ビール。豊かな味わい

誉国光 柚子酒 **H**
日本酒仕込 ¥1,687
日本酒の原酒と群馬県産のゆずで作った酒。香り高く飲みやすい

大和屋
coffee spirits ¥1,610 **H**
大和屋珈琲と美峰酒類がコラボ。水割り、ロック、牛乳割りでコーヒーの香りを楽しんで

Shopping

伊香保おみやげ

---

**H 伊草商店**
いぐさしょうてん

**群馬の酒が一堂に**

4代続く酒屋。地酒を中心に、老若男女のリクエストに応える多彩な品ぞろえ。気さくな店主が酒や近隣情報について教えてくれる。

伊香保 ▶ MAP 付録 P.9 C-1
☎0279-72-2178 休火曜
⏰9:00〜17:30 ♀渋川市伊香保町伊香保544-74
♥見晴下バス停から徒歩5分
Ｐ5台

**G 寿屋**
ことぶきや

**食感が楽しい和菓子**

創業60年を迎えた老舗和菓子店。「寿々虎」は日本菓子博覧会で金賞を受賞した一品。伊香保で唯一つぶ餡を使ったまんじゅうも。

伊香保 ▶ MAP 付録 P.8 B-2
☎0279-72-2513 休火曜(1月下旬に1週間以上の休みあり) ⏰9:00〜18:00(冬季は〜17:30) ♀渋川市伊香保町伊香保557-7 ♥伊香保バスターミナルからすぐ Ｐ1台

**F 湯の花パン**
ゆのはなパン

**石段街のベーカリー**

姉妹店「伊香保ベーカリー」のパンを扱っている。食べ歩きにちょうどいい小さめのパンのほかプリンや杏仁豆腐などのスイーツも。

伊香保 ▶ MAP 付録 P.8 A-2
☎0279-72-3306(ホテル松本楼) 休不定休 ⏰10:30〜売り切れ次第閉店 ♀渋川市伊香保町伊香保18-5 ♥伊香保温泉バス停から徒歩3分 Ｐなし

**E プリン専門店 クレヨン**
プリンせんもんてんクレヨン

**「伊香保プリン」が人気**

温泉街から少し離れたところにあるプリンの店。常時10種類以上そろう手作りプリンはやさしい味わい。季節限定の味も登場する。

伊香保周辺 ▶ MAP 付録 P.9 D-3
☎0279-24-0290 休水曜(祝日の場合は営業) ⏰10:00〜17:00 ♥JR渋川駅から伊香保榛名口行きバスで14分、六本松下車、徒歩3分 Ｐ15台

「伊草商店」では、谷川岳、赤城山などミニサイズの地酒3本が入った「呑みくらべセット」¥1,516もおすすめ。

Touch Animals

## 間近で会える！ふれあえる！

# 伊香保グリーン牧場のCUTEな動物たち♡

羊やウサギ、馬などたくさんの動物を間近で見られるグリーン牧場。
動物に触れたりおさんぽしたりと、その距離の近さに大興奮！シープドッグショーもお見逃しなく。

OW

BAA BAA

動物たちを見て触れて
思いきりリフレッシュ

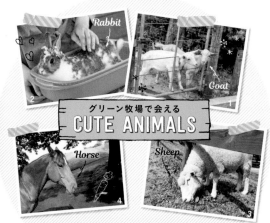

*Rabbit*

*Goat*

グリーン牧場で会える
**CUTE ANIMALS**

*Horse*

*Sheep*

1. かわいい子ヤギが目の前に！哺乳体験もできる　2. ウサギをひざに乗せてふれあいタイム。花かんむりがお似合い♪　3. 牧場のメインキャラクター。おやつをあげたりおさんぽしたりしてふれあおう　4. サラブレッド（子どもはポニー）の乗馬体験はドキドキ！

## 伊香保グリーン牧場
いかほグリーンぼくじょう

伊香保温泉から車で5分ほどの距離にある人気の観光牧場。開放感たっぷりの広い牧場内では、動物とのふれあいやバーベキュー、手作り体験などが楽しめる。牧場グルメやおみやげも充実しているので要チェック！

伊香保 ▶ **MAP** 付録 P.9 D-3

☎0279-24-5335　荒天時、1月上旬～2月の月～金曜（祝日の場合は営業）　⏰9:00～15:00（閉園は16:00、時期により異なる）　¥1500円　渋川市金井2844-1　JR渋川駅から伊香保榛名口行きバスで15分、グリーン牧場前下車すぐ　P700台（1日500円）

### セット券でおトクに！

*tips*

シープドッグショーや乗馬など10種類のプログラムと入場料がセットになった「グリーンチケット」¥4,350がおすすめ

**おみやげ＆スイーツ も Check!**

**牧場スタッフデザイン プリントクッキー**
¥660（14枚入り）
カラフルな動物たちのイラストプリントがかわいいオリジナルクッキー

**ソフトクリーム**
¥500
新鮮なミルクを使った牧場ならではの濃厚な味わい

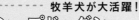

## 牧羊犬が大活躍！
## シープドッグショーを見よう♪

訓練された牧羊犬が、丘の上に散らばる羊の大群を集める人気のイベント。犬の賢さと羊飼いとの連携に釘付け！

❷約100頭の羊たちが牧羊犬に追い立てられ、丘から下ってくる。羊飼いとのコンビネーションは見事

❸羊を柵の中に集めて任務完了！このあともう1頭の牧羊犬が登場し、少数の羊を追いかけて障害物を突破させる

❶羊飼いが牧羊犬を放して羊を集めるよう命じる。犬笛で牧羊犬をうまくコントロール

広大な牧場で羊などの動物たちがのんびりと暮らしている

**イベントスケジュール**

▶ **シープドッグショー**
🕐時間 11:30～、13:30～（土・日曜、祝日は15:00～もあり）　💴料金 ¥400

▶ **うさぎとふれあい**
🕐時間 10:00～11:00、12:00～13:00、14:30～15:30　💴料金 ¥700

※季節により異なる場合あり。要確認

▶ **乗馬**
🕐時間 10:00～15:00頃　💴料金 1周¥1,200～

▶ **子やぎの哺乳体験（季節限定）**
🕐時間 9:30～、12:00～、15:00～（先着10名）　💴料金 ¥700

▶ **ひつじ・やぎとおさんぽ**
🕐時間 10:00～15:00頃　💴料金 15分¥700（生野菜おやつは別途¥400）

縦書き：伊香保グリーン牧場　Experience

---

## &MORE
## 併せて行きたい！自然に囲まれたミュージアム

**My Drawing Room／奈良美智**
世界的に活躍するアーティスト奈良美智のアトリエをイメージした作品。2004/2021年作

**Kokoro／**
**ジャン＝ミシェル オトニエル**
美術館の正面に立つ、ベネチアンガラスでできた作品。静かにくぐってみよう。2009年作

**こちらも Check!**

Shop
オリジナルグッズやデザイン小物など、ギフトやお土産選びにぴったり

Cafe
開催中の展覧会にあわせてつくられる「イメージケーキ」（写真は一例）。数量限定

**原美術館ARC**
はらびじゅつかんアーク

伊香保温泉から車で5分の榛名山麓の高原に位置する美術館。国内外の優れた現代美術や東洋古美術を展示する。シャープなフォルムの木造建築や屋外展示、カフェやショップにも注目したい。

**伊香保** ▶ **MAP** 付録 P.9 D-3
☎0279-24-6585　🏠木曜（祝日の場合は開館、8月は無休）、展示替え期間、1月中旬～3月上旬
🕐3月中旬～1月上旬9:30～16:00（閉館は16:30）
💴1800円　📍渋川市金井2855-1　🚃JR渋川駅から伊香保温泉または伊香保森名口行きバスで15分、グリーン牧場前下車、徒歩7分　🅿46台

---

ほかにも「日本シャンソン館」「群馬ガラス工芸美術館」など、渋川市にはアートスポットが充実。セットチケットもある。

*Fantastic Color*

伊香保温泉からドライブでGO！

# 榛名湖周辺でパワーチャージ

伊香保温泉から車で山道を上っていくと、きれいなお椀形の榛名富士が見えてくる。
ふもとの榛名湖で遊んだあとは、荘厳な空気に包まれた榛名神社に立ち寄って運気をアップ！

*Haruna-Fuji!*

噴火で生まれた美しい湖

伊香保温泉から車で **20分** 🚗

## 乗り物体験で榛名湖を *Enjoy* ！

### 榛名湖 はるなこ

榛名外輪山の噴火によってできたカルデラ湖。釣り、ボート、トテ馬車など、周辺には自然を満喫できるアクティビティが盛りだくさん。冬になると湖面をイルミネーションが彩りロマンティックに。

榛名湖 ▶ MAP 付録 P.9 C-4

☎027-374-5111(榛名観光協会) ⏱散策自由 📍高崎市榛名湖町 🚌伊香保バスターミナルから榛名湖方面行きバスで25分、榛名湖下車すぐ 🅿800台

乗り物 ③ トテ馬車

大きな馬が引く馬車に揺られて、約20分の湖観光ができる。カップルやファミリーでのんびり周遊するのにおすすめ

乗り物 ② ロープウェイ

榛名湖畔と榛名富士山頂を約3分で結ぶ。関東平野が一望できる。運が良ければ富士山も

*Let's Go!!*

乗り物 ① サイクリング

湖近くのみやげ物店で自転車が借りられる。1人乗りから4人乗りまでそろい、風を感じながら景色を楽しめる

### ③ トテ馬車 トテばしゃ

榛名湖 ▶ MAP 付録 P.9 C-4

☎090-9017-4908 ⏱11月下旬〜4月中旬 4月中旬〜11月下旬10:00〜15:00 💴1000円 🚌伊香保バスターミナルから榛名湖方面行きバスで23分、ロッヂ前下車すぐ 🅿200台(県立ビジターセンター駐車場)

### ② 榛名山ロープウェイ はるなさんロープウェイ

榛名湖 ▶ MAP 付録 P.9 C-4

☎027-374-9238 ⏱無休 9:00〜17:00(12〜3月は〜16:00、上り最終は閉場の各30分前) 💴往復950円 📍高崎市榛名湖町845-1 🚌伊香保バスターミナルから榛名湖方面行きバスで22分、ロープウェイ前下車すぐ 🅿37台

### ① つつじ荘(レンタサイクル) つつじそう

榛名湖 ▶ MAP 付録 P.9 C-4

☎027-374-9450 ⏱無休、12〜3月は不定休(冬期は休業) 7:00頃〜17:00頃(季節により変動あり) 💴1人乗り1時間500円〜 📍高崎市榛名湖町845-1 🚌伊香保バスターミナルから榛名湖方面行きバスで22分、ロープウェイ前下車すぐ 🅿100台

1. 龍の彫刻や水墨画が描かれていることから双龍門と呼ばれる　2. 本殿の背後にある御姿岩の胎内には、ご神体が祀られている　3. 入口に建つ随神門は約170年前に再建。国の重要文化財

伊香保温泉から車で 30分

縁結びにご利益あり！
関東屈指のパワースポット

# 榛名神社 はるなじんじゃ

火の神・土の神を祀る神社で、1400年以上の歴史を誇る。随神門をくぐり参道を上っていくと、巨大な岩がそびえる双龍門、御姿岩に接して建てられた本殿に到着。ほかにも矢立杉や行者渓など見どころは多い。

**榛名湖** ▶ **MAP 付録 P.9 C-4**
☎027-374-9050 ●境内自由（社務所は8:45〜16:00）
♦高崎市榛名山町849 ♦JR高崎駅から榛名湖行きバスで1時間10分、榛名神社下車、徒歩15分 P80台
※2026年12月まで社殿改修工事中

## ご縁♥アイテム

えんむすびお守り
2個セット ¥1,200
色違いを恋人同士で持つと、末長く幸せになれるというお守り

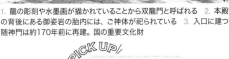

## \PICK UP/
### ランチはこちらで！

## 大蔵坊こばやし だいぞうぼうこばやし

湖畔にある食事処。地元食材などを使ったランチメニューのほか、上州牛入りメンチと上州麦豚入りコロッケが1つになった「メンコロ」¥300も人気。

**榛名湖** ▶ **MAP 付録 P.9 C-4**
☎027-374-9311 ●不定休
●9:00〜16:00（閉店、予約の場合は延長あり）
♦高崎市榛名湖町847-2
♦伊香保バスターミナルから榛名湖方面行きバスで25分、榛名湖下車、徒歩5分 P20台

「メンコロ丼」
¥770

### ご神水みくじ

LET'S TRY!

**step 1** おみくじを神水に浸す

社殿横でおみくじを引き、参道の途中にあるご神水に浸す

**step 3** FINISH! おみくじを灯籠に入れる

ご神水の近くにある「廻運燈籠」におみくじを入れ、祈願しながら回す

**step 2** 文字が浮かび上がる

白紙だったおみくじに文字が浮かび上がる。おみくじの内容は当たると評判

## &MORE
### 森の中の雑貨店&パン工房

## 地球屋 & 地球屋 パン工房
ちきゅうやアンドちきゅうやパンこうぼう

ギネス世界記録にも登録されている1万3556個のつるし飾りが名物の和雑貨店。隣のパン工房では、無添加&天然酵母の焼きたてパンを販売。バター工房も併設している。

**渋川周辺** ▶ **MAP 付録 P.9 D-4**
☎0279-20-5536（地球屋）、0279-70-8000（パン工房）●無休 ●10:00〜17:00 ♦榛東村上野原1-1 ♦JR八木原駅から車で15分 P135台

体にやさしいパンが約50種類！

1. 大きなつるし飾りは壮観。内側から撮影もできる
2. 建物は明治初期建造の山形の古民家を移築

榛名湖にはレンタルボート店もあり、湖面を間近に感じながら水上さんぽが楽しめる。足でこぐスワンボートが人気。

Experience

榛名湖でパワーチャージ

Gold&Silver

美肌の湯でキレイをゲット！

# 黄金の湯&白銀の湯を楽しむ宿

\Relax♪/

伊香保名物でもある茶褐色の「黄金の湯」と、無色透明な「白銀の湯」。
美肌に効果ありという2つの湯を両方楽しめる贅沢な宿で、温泉三昧を楽しもう！

四季折々の自然が彩る風呂と
もてなしの心に癒される

### What's
### 黄金の湯&白銀の湯

湯の中に含まれる鉄分が酸化し茶褐色になる「黄金の湯」は、子宝の湯として知られる。無色透明の「白銀の湯」は疲労回復・健康増進に◎

tips

源泉掛け流しの黄金の湯。静かな自然林に囲まれ、癒し効果絶大！

Gold & Silver

1

2

3

4

1. 黄金の湯は大浴場から続く露天風呂で　2. 白銀の湯は内湯風呂。大浴場「たまゆら」では月替わりの薬湯も楽しめる　3. 館内や玄関には季節を感じる装飾が施されている　4. 清潔感ある落ち着いた雰囲気の和室。露天風呂付の離れやスイートもある

## 如心の里 ひびき野

色浴衣レンタル
あり（有料）

じょしんのさとひびきの

石段街から少し離れた閑静な場所にたたずむ温泉宿。大浴場で黄金・白銀の2つの源泉を楽しめる。広々としたロビーからは中庭の緑が望め、温かい接客やサービスにも定評がある。季節の素材に工夫を凝らした料理も楽しみ。

### お風呂DATA

| | |
|---|---|
| 黄金の湯 | 内湯0／露天2 |
| 白銀の湯 | 内湯3／露天0 |
| 日帰り入浴 | あり<br>（13:00〜21:00 ¥1,150〜） |
| 貸切風呂 | なし |

伊香保 ▶MAP 付録 P.9 C-1

☎0279-72-7022　IN15:00　OUT10:00　¥1泊2食付2万1050円〜　室和56、洋2、和洋1、露天付和3　渋川市伊香保町伊香保403-125　🚌見晴下バス停から徒歩5分　P150台

tips
2つの大浴場では、それぞれ黄金・白金の両方の湯を内湯や露天で楽しめる

モダンな新館も備えた
和の情緒あふれるくつろぎの宿

1

2

1. 檜をふんだんに使用した大浴場「玉伊吹の湯」。ほかに上州の山々を望める大浴場「榛栗の湯」もある　2. 露天風呂や見晴らしのいいテラスが付く新館「花水木」　3. 和の趣が漂う玄関

## お宿 玉樹
おやどたまき

色浴衣レンタル
あり(有料)

石段街の入口に建つ純和風旅館。館内は畳敷きなので、素足でリラックスして過ごせる。自然を感じる大浴場、谷川連峰を望む食事処のほか、客室からも眺望が楽しめる。

伊香保 ▶ MAP 付録 P.8 A-2
☎0279-72-2232　IN15:00　OUT10:00　¥1泊2食付2万900円～　🛏和13・洋3・露天付和5・露天付和半5　♥渋川市伊香保町伊香保87-1　🚌伊香保温泉バス停から徒歩5分　🅿50台

3

### お風呂DATA ✽✽

| 黄金の湯 | 内湯1／露天1／貸切内湯1 |
|---|---|
| 白銀の湯 | 内湯2／露天2／貸切露天1 |

| 日帰り入浴 | あり<br>(11:30～14:30) ¥1,500 |
|---|---|
| 貸切風呂 | 内湯1 (50分¥3,300)<br>露天1 (50分¥2,200)<br>※日帰り利用は別途入浴料¥1,000 |

*Healing*

黄金の湯＆白銀の湯

## 伊香保温泉 福一
いかほおんせんふくいち

色浴衣レンタル
あり(有料)

江戸時代創業の伊香保有数の老舗。眺望抜群の風呂はもちろん、ナチュラルイオンを利用した貸切風呂や充実のアメニティなど、女性にうれしいサービスも。

伊香保 ▶ MAP 付録 P.8 A-2
☎0279-20-3000　IN15:00　OUT11:00
¥1泊2食付2万1600円～　🛏和71、洋12
♥渋川市伊香保町伊香保甲8
🚌伊香保温泉バス停から徒歩8分(バス停まで送迎あり、要連絡)　🅿100台

1. 洗練された和モダンな客室。窓からの眺望も贅沢
2. 露天風呂からは高台ならではのパノラマが楽しめる
3. 夕食の会席には上州牛や郷土料理のおっきりこみなども

1

3

### お風呂DATA

| 黄金の湯 | 内湯2／露天2 |
|---|---|
| 白銀の湯 | 内湯2／露天0 |

| 日帰り入浴 | あり (14:00～17:00) ¥2,000 |
|---|---|
| 貸切風呂 | あり (45分¥2,000～) |

400年の歴史を誇る
高台にたたずむ老舗旅館

tips
露天風呂は茶褐色の黄金の湯。内湯には黄金・白銀の両方を備える

2

もとは伊香保温泉には茶褐色の「黄金の湯」のみだったが、近年になって「白銀の湯」が発見された。

日常を忘れて、ココロをリセット

# ちょっと贅沢♡ ごほうび旅の<u>おこもり宿</u>

たまにはちょっと奮発して、がんばる自分を思いきり甘やかしてみたい♡
露天風呂付の静かなプライベート空間で、ひたすらのんびり。そんなオトナな旅はいかが？

Rich style

日本古来の建築美に感動と安らぎを覚える一夜

**ごほうびPoint**

従来の和風旅館にない独自の造りに驚きの連続。非日常を演出するさりげないおもてなしにも感動

1

5

3

2

6

4

**おこもりDATA**

**料金** 1泊2食付¥26,400〜（入湯税別）
**IN** 14:00 **OUT** 11:00
**客室数** 露天付和8、露天付和洋2

部屋ごとに坪庭や書院が配され、家のようにくつろげる

**香雲館** こううんかん

客室はそれぞれに趣が異なる露天風呂付10室のみ。どの部屋も古きよき日本の建築様式や美意識を取り入れた贅沢な空間。味にも器にも趣向を凝らした料理にも期待したい。

テラスとかがり火が配された中庭に着想を得た「御簾」。和の贅が尽くされた空間　全室に露天風呂、内風呂（一部シャワーブース）が付く
5・6 季節ごとに趣向を凝らした料理は目にもおいしい

京都御所に着想を得た「御簾」。和の贅が尽くされた空間　全室に露天風呂、内風呂（一部シャワーブース）が付く　高さ8mの城壁風の門が、宿の特別感をさらにひき立てる

**伊香保** **MAP** 付録 P.8 B-1

☎0279-72-5501 渋川市伊香保町伊香保175-1 ■伊香保温泉バス停から徒歩10分（バス停まで送迎あり、要連絡）
**P**15台

*Hot Springs*

和洋を融合させた全8室の大人の隠れ家

## 奥伊香保 旅邸 諧暢楼
おくいかほりょていかいちょうろう

老舗旅館「福一」（》P.75）の別館。非日常のリラクセーション空間にこだわり、プライベートを重視した全8室を用意。和モダンの洗練された雰囲気と徹底したサービスで、心身ともにリラックスできる。

**伊香保** **MAP** 付録 P.8 A-3

☎0279-20-3040　📍渋川市伊香保町伊香保香湯5-4　🚌伊香保温泉バス停から徒歩8分（バス停まで送迎あり、要連絡）　🅿8台

### ごほうびPoint
各部屋の露天風呂には白銀の湯を引き湯。四季折々の自然を眺めながらの湯浴みはまさに贅沢

### おこもりDATA
料金 1泊2食付¥49,500〜
IN 15:00　OUT 11:30
客室数 露天付和5、露天付和洋3

20歳以上のお客様よりご予約を承ります

1. 露天風呂から和風庭園を眺められる1階の客室　2. 100㎡のジャパニーズスイート。格子天井を設えた寝室には、高級羽毛布団のベッドが　3. お食事は個室をご用意

*Healing*

おこもり宿

## 景風流の宿 かのうや・別邸そらの庭
けいぷるのやどかのうやべっていそらのにわ

閑静な渓谷沿いの高台にあり、ケーブルカーでロビーラウンジへと向かう。露天風呂を備えた全9室の別邸そらの庭で、リゾートステイを楽しみたい。

色浴衣レンタルあり（有料）

**伊香保** **MAP** 付録 P.8 A-3

☎0279-72-2662　📍渋川市伊香保町伊香保591　🚌伊香保温泉バス停から徒歩10分（バス停まで送迎あり、要連絡）　🅿30台

### ごほうびPoint
4〜6階のそらの庭は特に眺望が良く、露天風呂から榛名山麓の景観と空とを一望できる

静かな山々に包まれた空間

### おこもりDATA
料金 1泊2食付¥14,300〜
IN 15:00　OUT 10:00
客室数 和13、洋8、和洋1、露天付和6、露天付洋3

部屋それぞれに趣や景観が異なり静寂に包まれる

1. そらの庭の最上階にある「月代」　2. 中庭に面したオープンテラス。野鳥の声に癒される
3. 地元産の野菜や高級食材が盛り込まれた料理に舌つづみ

GORGEOUS!!

77　「かのうや」では、中庭で野鳥の餌付けをおこなっており、シジュウカラ、ヤマガラなど、エサをついばむ姿に癒される。

# Cute Kokeshi

## かわいさにひと目ぼれ ♡

### 卯三郎こけしでお気に入りをGET
進化を続ける伝統工芸品！

じつは群馬は全国一の生産量を誇るこけしの産地！
伊香保から車で15分ほどの「卯三郎こけし本店」には、かわいらしい創作こけしがずらり♡

1. コロンと丸い干支モチーフのこけし 2. 伝統的な女の子のこけし。着物の色がカラフル 3. やさしい笑顔がキュートなミニサイズの女の子こけし 4. ちいさなサイズがかわいいサンタこけし

cute ♡

### ■ 卯三郎こけし（うさぶろうこけし）

60年以上続くこけし工房。創業者の岡本卯三郎が築いた製法や作風を守りながら、次世代の職人がデザイン性の高い新しいこけしを次々と生み出している。こけしの変遷がわかる2階の「こけし美術館」も見ごたえ十分。

渋川周辺 ▶ MAP 付録 P.9 D-4
☎ 0279-54-6766  休 水曜
🕘 9:00～16:00  榛東村長岡1591
🚃 JR八木原駅から車で10分、またはJR高崎駅から伊香保温泉行きバスで1時間、上の原下車、徒歩10分  P 100台

### 絵付け体験もできる！

白い木地に絵の具などで自由にデザイン。ストラップからようじ入れ、まる頭こけしまでサイズはさまざま。世界にひとつのこけしを作ろう。

受付時間 9:00～14:30
料金 こけしストラップ ¥1,650、たまご型こけし（小）・ペン立て（小）¥2,200、まる頭こけし（大）¥2,750 など

5. 「招き猫ちゃん」¥1,320。大きいサイズもある 6. 凛々しい表情の「若侍」¥4,180 7. 「ずきん小町」¥3,850 8. 「ゆらころ（小）とり」¥3,080 9. つぶらな瞳と口元がかわいい「つぼみ」¥4,400 10. 製作工程の見学もできる 11. ショップと工房が併設されている。店内には昔ながらのこけしから、現代風のこけしまで多彩にそろう

# 時間を忘れられる場所
## Shima

「ただいま」と言いたくなるような、懐かしい雰囲気に包まれた温泉地。清流のやさしい音を聞きながら、レトロカフェでひと息♪

Historic and Nostalgic Place

積善館 せきぜんかん
≫P.80

Nostalgic Town

どこか懐かしい風景がいっぱい!
# 川沿いのレトロな温泉街をぶらり♪

大正ロマンを感じる老舗旅館、香ばしい匂いが漂う焼きまんじゅう店、昔ながらの娯楽スポット。
川のせせらぎをBGMに、四万温泉のレトロな風景をめぐる、癒しのさんぽにでかけよう。

Let's Go!

---

レトロな雰囲気と
釜揚げうどんが人気

## お食事処 積善や B
おしょくじどころせきぜんや

「積善館」の敷地内にある
食事処。人気メニューは自
家製の「釜揚げうどん」。ほ
かに名物スイーツの「温玉
シェイク」¥550もおすすめ。
散策途中に立ち寄りたい。

四万 MAP 付録 P.12 A-2
☎0279-64-2101(積善館)
休金曜 ⏰11:00〜15:00(閉
店) ♀中之条町四万4236
🚌四万温泉バス停からすぐ
Ｐ87台(公共無料駐車場を利用)

四万の歴史を物語る
大正モダンな老舗宿

## 積善館 A E L
せきぜんかん

元禄時代創業の、四万温泉
を代表する宿。現存する日
本最古の湯宿建築である本
館と、山荘、佳松亭の3館
からなる。シックな「元禄の
湯」は町の重要文化財。

四万 MAP 付録 P.12 A-2
☎0279-64-2101 休不定休
⏰日帰り入浴10:00〜17:30
¥入浴料1500円 ♀中之条町
四万4236 🚌四万温泉バス停
からすぐ Ｐ60台(宿泊者専用)

落合通りから
川沿いを歩こう

四万温泉
MAP

Come on!

RELAX

写真に
おさめたくなる
風景がいっぱい！

❤

散策途中の
休憩スポットに♪

LET'S EAT!

Ⓐ撮影スポットとしても人気の四万のシンボル。慶雲橋を渡った先に建つ Ⓑ「釜揚げうどん」¥1,400。6種類の薬味が付く Ⓒ「焼きまんじゅう」は1串¥400。おやつ感覚で気軽に食べられる Ⓓスマートボールは1回¥500で45玉 Ⓔ積善館の「元禄の湯」。アーチ形の窓とタイル張りの床が特徴的 Ⓕ注文を受けてから店主がその場で焼いてくれる Ⓖ自然に囲まれた静かな立地にある足湯 Ⓗ桐の木平商店街沿いにある「塩之湯飲泉所」。飲めば胃腸病や便秘に効能があるという Ⓘ店内にはお得な商品が並ぶこともあるので要チェック Ⓙやわらかい求肥に餡を包んだ「夢まくら」1個¥110。くるみ餡とゆず餡の2種類がある Ⓚ昭和レトロな看板を発見する楽しみも！ Ⓛ積善館は玄関も趣たっぷり

---

上品な伝統菓子を
おみやげに

## 楓月堂 ⒤ Ⓙ
ふうげつどう

創業75年の老舗和菓子店。名物の「夢まくら」は、四万温泉の開湯伝説をもとに作られた枕形のお菓子。定番の「温泉まんじゅう」1個¥110もおみやげにぴったり。

四万 MAP 付録 P.12 A-3
☎0279-64-2508 休不定休
🕐8:00～17:00 ⓥ四之条町四万4237-34 🚏四万温泉バス停から徒歩3分 🅿87台（公共無料駐車場を利用）

---

せせらぎが間近に聞こえる
足湯で休憩

## 山口川音の足湯 Ⓖ
やまぐちかわねのあしゆ

露天風呂を改装した足湯。温泉街から専用の階段を下り、小さな橋を渡った川のほとりにある。穏やかに流れる川や自然を眺めながら、散策で疲れた足を癒そう。

四万 MAP 付録 P.12 B-3
☎0279-64-2321（四万温泉協会）休無休（冬季閉鎖あり）🕐9:00～17:00 ⓥ無料 ⓥ中之条町四万3824 🅿87台（公共無料駐車場を利用）

---

昭和レトロが体験できる
昔懐かしい遊技場

## 柳屋遊技場 Ⓓ
やなぎやゆうぎじょう

スマートボールや射的（8発¥500）など、懐かしい遊びが楽しめるスポット。初めてでも夢中になってしまう。気軽に立ち寄って、昭和レトロを体感しよう。

四万 MAP 付録 P.12 A-2
☎0279-64-2520 休不定休 🕐9:30～15:00 ⓥ中之条町四万4145 🚏四万温泉バス停から徒歩5分 🅿87台（公共無料駐車場を利用）

---

甘味噌だれが香ばしい
群馬のご当地おやつ

## 焼まんじゅう島村 Ⓒ Ⓕ
やきまんじゅうしまむら

群馬の郷土食、焼きまんじゅう専門店。こだわりの生地を串に刺し、秘伝の自家製の甘味噌だれをつけて炭火で焼き上げる。生地がふわふわしっとりで焦げ目も絶妙。

四万 MAP 付録 P.12 A-3
☎0279-64-2735 休月曜（祝日の場合は営業）🕐10:00～売り切れ次第閉店 ⓥ中之条町四万4237-23 🚏桐の木平バス停からすぐ 🅿87台（公共無料駐車場を利用）

---

「積善館」では、主人による積善館や四万温泉の歴史ツアーを開催している（16:00～16:45、不定期）。

Local Food

地元の味をいただきます

# ランチ＆スイーツでほっこりTIME ♡

のんびりとした空気が漂う四万温泉には、居ごこちのよいランチ＆スイーツスポットが点在。
リラックスできる雰囲気はもちろん、地元食材を使った料理やスイーツにも大満足！

menu
高原花豆サンデー
¥900

menu
温泉マークカプチーノ
¥750

Sweet&Relax

温泉マークの
CUTEなカプチーノ

## 柏屋カフェ
かしわやカフェ

桐の木平商店街のほぼ中央にある、古
民家を利用した人気のカフェ。昭和初
期の雰囲気が残るおしゃれな空間でい
ただけるのは、店内で自家焙煎する本
格コーヒーや自家製スイーツ。おみや
げにしたいかわいい和雑貨も取り扱う。

四万 ▶MAP 付録 P.12 A-3
☎0279-64-2414 休木曜 ⏰10:00〜16:30
（閉店は17:00） 📍中之条町四万4237-45
🚏桐の木平バス停からすぐ
🅿87台（公共無料駐車場を利用）

1. サンデーは花豆の甘煮と抹茶アイスの相性がぴ
ったり。名物のカプチーノと味わって 2. 洋品店だ
った建物をノスタルジックに改装 3. 週末は混む
のでお早めに 4. タイカレーとキーマカレーの2種
類を一皿で味わえる「柏屋カレー」¥1,350

Mochi
Mochi!!

素朴なオリジナルスイーツ

足湯とスイーツで
ほっこりしよう♡

menu
温泉あげまん（お茶付）
¥300

## 香茶房 おきなや
かおりさぼうおきなや

店先にある足湯が目印のカフェ。オリジ
ナルの創作スイーツのほか、四万の銘水
で淹れた「四万銘水コーヒー」¥400や、
底に餡が入った「あんこコーヒー」¥450
が人気。足湯に浸かりながら味わえるの
で、散策途中の休憩にぴったり。

四万 ▶MAP 付録 P.12 B-3
☎なし 休月曜（祝日の場合は営業）
⏰10:00〜15:00（時期により異なる）
📍中之条町四万3982 🚏山口バス停からすぐ
🅿87台（公共無料駐車場を利用）

1. 温泉まんじゅうをカラッと揚げ
て、きな粉（または炒りごま）をト
ッピング 2.「かかあ田楽」¥
400 3. 行楽シーズンには行列
ができるほどの人気店。おみや
げ向きの和雑貨も販売している

**menu**
プンのネパールカレー
¥1,100

WOW!!

*Gourmet*

特製チーズパンと一緒にどうぞ！

# Shima Blue cafe シマブルーカフェ

温泉街から奥四万湖に向かう途中にある、グランピング施設（▶P.85）に隣接したカフェ。群馬県産の食材にこだわり、特に上州牛の品質の高さが自慢。パンケーキやスムージーなど、カフェメニューやドリンクも充実している。

四万　MAP 付録 P.12 A-2

☎0279-64-2155　休不定休　⏰11:30〜19:30（閉店は20:00）　♀中之条町四万4355　♥四万温泉バス停から徒歩15分　🅿12台

1. ネパール出身スタッフによるオリジナルのカレーは人気メニュー　2. ガラス張りのおしゃれな外観が目印　3. 1階、2階スペースのほか、テラス席も用意。インテリアもすてき

♪♪

打ちたて十割そば×地元素材

**menu**
きのこそば
¥1,200

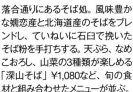

# そば三昧 中島屋
そばざんまいなかじまや

落合通りにあるそば処。風味豊かな嬬恋産と北海道産のそばをブレンドし、ていねいに石臼で挽いたそば粉を手打ちする。天ぷら、なめこおろし、山菜の3種類が楽しめる「深山そば」¥1,080など、旬の食材と組み合わせたメニューが並ぶ。

1. きのこ入り小鍋とせいろのセット。きのことスープをお椀に取り、そばをつけて食べる
2. テーブル席と小上がり席があり、ゆっくり落ち着ける雰囲気

四万　MAP 付録 P.12 A-2

☎0279-64-2400　休不定休　⏰11:00〜売り切れ次第閉店　♀中之条町四万4231-1　♥四万温泉バス停からすぐ　🅿なし

# お食事処 くれない
おしょくじどころくれない

四万川沿いに建つ、「料理旅館くれない」の食事処。厳選したうなぎを温泉の湯で蒸した名物の「うな重」を求め、遠方からも客が訪れる。四万川で獲れたいわなややまめの串焼き1本¥780もぜひ。

四万　▶ MAP 付録 P.12 A-2

☎0279-64-2006　休不定休　⏰11:00〜13:30（売り切れ次第閉店）　♀中之条町四万4143-2　♥四万温泉バス停から徒歩3分　🅿6台

1. 湯蒸ししてから炭火で焼いたうなぎは、身がふっくらとしていて香ばしい。肝吸いとお新香付　2. 店内からは四万川の清流を見下ろせる

**menu**
うな重
¥3,800

湯蒸しでふっくら絶品うなぎ

ランチ&スイーツ

冬季は休業や早く閉める店も多いので、電話で確認しよう。

景色と名湯をひとり占め

# 澄んだ川音に癒される♡お風呂自慢の宿

美肌や病気平癒などさまざまな効能で、「四万の病を治す」ともいわれる四万温泉。
目の前を流れる四万川のせせらぎに耳を傾けながら、時を忘れて過ごしたい。

**POINT**
森と川に囲まれた
天然掛け流しの温
泉。美肌の湯とし
ても知られる

Hot Spring...

1. 四季折々の風景が楽しめる露天風呂「森のこだま」。夜は川がライトアップされ
る　2. 伝統を感じさせる入母屋造りの玄関　3. メゾネットタイプの特別室「水涌
館」。家族やグループにおすすめ　4. 風情あふれる個室の料亭〈山桜〉。季節の食
材を使った滋味深い懐石料理は、料理人のていねいな手仕事を感じる

### 老舗の雰囲気がすてき！

江戸後期築の母屋の帳
場は、創業当時の面影
を残す重厚な雰囲気。
ほかにも茅葺き屋根の
玄関など、多くの文人
にも愛された歴史ある
旅館のたたずまいは見
事。館内の細かな意匠
にも注目してみよう。

Gorgeous!!

趣の異なる6つの湯殿が楽しめる
自然に囲まれた温泉宿

## 温泉三昧の宿 四万たむら
おんせんざんまい
のやどしまたむら

室町時代から湯治場として栄えた歴史深い名
湯宿。約10万坪の広大な敷地に建ち、毎分
1600ℓもの湯量が湧き出る自家源泉が自慢。
野趣あふれる露天風呂や情緒ある檜風呂など、
さまざまな雰囲気の風呂で湯浴みを楽しめる。

■四万　▶ MAP 付録 P.12 A-2

☎0279-64-2111　IN15:00　OUT11:00　¥1泊2食
付1万5270円～　圖和40、和洋7　◆中之条町四万
4180　♨四万温泉バス停から徒歩3分　P80台

大浴場や露天風呂で
四万の自然と効能を楽しむ

## 四万やまぐち館 しまやまぐちかん

四万川のほとりに建ち、風呂からも部屋からも四万の自然を望むことができる。大浴場のほか、2つの露天風呂があり、それぞれ異なる雰囲気で温泉三昧を楽しめる。館内で行なわれるイベントも好評。

四万 ▶ MAP 付録 P.12 B-3
☎0279-64-2011 IN14:30 OUT11:00 ¥1泊2食付1万6500円～ 🛏和57、洋7、露天付和洋4 ♀中之条町四万3876-1 🚌山口バス停からすぐ P60台

**POINT**
四万川に面した大きな露天風呂が自慢。マイナスイオンもたっぷり

1. 障子や床の間がある一風変わった露天風呂「四万川の湯」 2. 3階と7階にある「月見台ラウンジ」。風呂上がりにリラックスするのにぴったり 3. 地元の新鮮な素材を使った料理がそろう和風会席膳

---

Healing
お風呂自慢の宿

Good!

ひそやかな隠れ家で
美食と温泉に酔いしれる

## 時わすれの宿 佳元 ときわすれのやどよしもと

温泉街から少し離れたエリアに建つ全8室の小さな宿。ステンドグラスのある貸切風呂や旬の素材をいかした料理の数々、四万川を望める露天風呂付の客室など、"時を忘れる"ための空間にこだわる。

四万 ▶ MAP 付録 P.12 A-2
☎0279-64-2314 IN15:00 OUT10:00 ¥1泊2食付1万9950円～ 🛏和4、和洋1、露天付和3 ♀中之条町四万4344-2 🚌四万温泉バス停から徒歩10分(バス停から送迎あり、要予約) P20台

**POINT**
露天風呂付客室で四万の景色をひとり占め! ほかに大浴場もある

NICE VIEW

1. 眼下に四万川を望む檜の露天風呂付客室。夜には満天の星が眺められることも 2. ステンドグラスが幻想的に輝く貸切風呂。予約なしで利用できる 3. 趣ある囲炉裏ラウンジ。自家製のお茶菓子や焼酎の試飲コーナーを用意

---

**& MORE** 露天風呂付のグランピング施設も!

### 温泉グランピング Shima Blue
おんせんグランピングシマブルー

自然を感じながら優雅なキャンプ気分が味わえるグランピング施設。個性豊かな7つの宿泊棟は、すべて温泉露天風呂付。夜は上州牛がメインのバーベキューが楽しめる。女子旅や家族にも◎。

四万 ▶ MAP 付録 P.12 A-2
☎0279-64-2155 IN15:00 OUT10:00 ¥時期により変動あり(予約サイトを要確認) 🛏露天付洋7 ♀中之条町四万4355 🚌四万温泉バス停から徒歩15分 P12台

1. 各宿泊棟の露天風呂は24時間入浴できる 2. 「ブラウンプレミアム」はオープンテラス付のおしゃれな空間

草津温泉での湯治のあと、四万温泉でさらに湯治の効果を高める「仕上げ湯」という伝統がある。

2年に1度のアートの祭典

## 中之条ビエンナーレとは？
街全体がアートに包まれる1か月！

次回は2025年！

2007年にスタートし、2年に1度開催されている国際現代芸術祭。国内外からのアーティストが中之条町に滞在し、温泉街や木造校舎など町内各地で絵画、彫刻、写真といったさまざまなアート作品を展示するほか、ワークショップやパフォーマンスなども開催。複数の展示エリアをめぐりながら、中之条町の自然や文化を肌で感じられる。期間限定のショップやマルシェにも注目。

### フンコロガシ
―空想・くそ虫の旅―
／石坂 孝雄

フンコロガシの裏側にあるはしごを上ると作品と一体になれる

Beautiful!

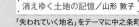

### eggs
／ダニエル・ヘイズ東京

展示作品の中でパフォーマンスが行われた

雨が降っているみたい！

Artistic!!

### 轟々と流れる
／春田 美咲

教室一面の天井から垂れ下がる迫力ある作品

### 消えゆく土地の記憶／山形 敦子

「失われていく地名」をテーマに中之条町民の協力を得て完成した作品

山の上の彫刻を訪ねてみよう♪

### 月が眠る山 2023-VI
／林 耕史

過去作も含め、山の上庭園(冬季閉鎖)に常設展示されている

※写真はいずれも「中之条ビエンナーレ2023」の展示風景。

**イベントInfo**

● 開催期間
2025年9〜10月開催予定
9:30〜17:00(期間中無休)

● 会場
中之条町内各所
(2023年は中之条市街地、伊参、四万温泉、沢渡暮坂、六合の5エリア、44会場で開催)

● チケット
鑑賞パスポートを総合案内所などで販売(2023年は一般¥1,500、2025年は未定)
※高校生以下無料

● アクセス
【電車】JR東京駅から上越新幹線・吾妻線経由で中之条駅まで約2時間
【車】関越渋川伊香保ICから国道353号経由で40分

● 問い合わせ
中之条ビエンナーレ事務局
(イサマムラ内)
☎0279-75-3320
(平日10:00〜17:00)

---

CHECK! 期間外でも楽しめるアートスポット

## tsumuji ツムジ

地元産の食材を使ったカフェや作家の作品が並ぶショップなどがあり、ビエンナーレの期間外でも中之条の魅力に触れられる。個性豊かなテナントが並ぶ「つむじ横丁」も必見。

中之条 MAP 付録 P.2 B-2
☎0279-26-3751 木曜 10:00〜18:00
(店舗により異なる) 中之条町中之条938 JR中之条駅から徒歩15分 P23台

つむじカフェでは季節にあわせたスイーツが楽しめる

オリジナルの「つむじくん」各￥500は触りごこちも抜群

文化と芸術の発信地。足湯があるほか、観光情報もゲットできる

大自然に会いに行こう

# *Minakami*

深呼吸したくなるような、雄大な自然と温泉に恵まれたエリア。アクティビティを楽しんだら、おいしい山の幸を堪能しましょ♡

*Scent to Relax*

たんばらラベンダーパーク
≫P.89

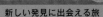

## 雄大な景色に圧倒される！
# みなかみの大自然SPOTめぐり

利根川や谷川連峰など、豊かな自然地形に恵まれたみなかみ周辺。
水や山、花々のパワーを感じる雄大な絶景スポットで、深呼吸してリフレッシュ！

巨大な岩壁が迫力満点！
雄大にそびえる日本百名山のひとつ

What a Beautiful View♥

A-1

A-2

A-3

### 山頂までラクラクアクセス♪

**■谷川岳ロープウェイ by 星野リゾート**
たにがわだけロープウェイバイほしのリゾート

谷川岳ふもとの土合口駅から標高1319mの天神平まで2.4kmを結ぶ。その上の天神峠展望台まではペアリフトで。

**みなかみ** ▶**MAP**付録 P.10 B-1

☎0278-72-3575 **休**無休（11月に点検期間休みあり） **時**8:00～17:00（下り最終、時期・天候により異なる） **料**ロープウェイ＋リフト利用セット券（往復）3500円 **所**みなかみ町湯檜曽湯吹山国有林 **交**JR水上駅から谷川岳ロープウェイ行きバスで25分、終点下車すぐ **P**700台

A-1.秋の一ノ倉沢から見上げる谷川岳。美しい紅葉に染められた姿は壮観　A-2.天神峠展望台から眺める谷川岳も存在感たっぷり　A-3.谷川岳の稜線上に広がる台地「天神平」。夏は高山植物が咲き誇り、冬はスキー場に

##### 高山植物もいっぱい！

**ショウジョウバカマ**
4～8月
おもに春に群生し、ピンクや薄紫、白などの花を咲かせる

**ミズバショウ**
5月
雪解けの季節を迎えると、純白の美しい花が顔を出す

**ニッコウキスゲ**
6～8月
高山帯の草地に生える鮮やかな黄色の花。夏の訪れを告げる

## A 谷川岳　たにがわだけ

群馬と新潟の県境にある標高1977mの山で、日本百名山のひとつ。登らずとも一ノ倉沢やロープウェイからその迫力を体感できる。

**みなかみ** **MAP** 付録 P.10 B-1
☎0278-62-0401(みなかみ町観光協会)　散策自由(5月下旬～11月中旬)　みなかみ町湯檜曽　700台(谷川岳ロープウェイの駐車場を利用)

## B 諏訪峡　すわきょう

奇岩群が見られる利根川の渓谷。遊歩道が整備され、散策が楽しめるほか、ラフティングやバンジージャンプのスポットとしても人気。

**みなかみ** **MAP** 付録 P.13 A-2
☎0278-62-0401(みなかみ町観光協会)　散策自由　みなかみ町湯原　JR水上駅から上毛高原駅行きバスで5分、小学校下下車すぐ　150台(道の駅 水紀行館の駐車場を利用)

## C たんばらラベンダーパーク

約5万㎡、約5万株のラベンダーが咲き誇る関東最大級のラベンダー園。ラベンダーを使ったギフトの販売や、花摘み体験も行なっている。

**沼田** **MAP** 付録 P.11 C-2
☎0278-23-9311　期間中無休　7月上旬～8月下旬8:30～15:45(閉園は17:00)　入場料1200円　沼田市玉原高原　JR沼田駅から直通バス(要予約)で1時間　2000台

## D 吹割の滝　ふきわれのたき

あたかも巨大な岩が吹き割れたように見えることからこの名がつけられた。周辺の遊歩道や観瀑台から、滝のさまざまな表情を眺められる。

**沼田** **MAP** 付録 P.11 D-3
☎0278-23-2111(沼田市観光交流課)　散策自由(遊歩道は12～3月閉鎖)　沼田市利根町追貝　JR沼田駅から鎌田・戸倉方面行きバスで40分、吹割の滝下車、徒歩10分　10台(ほか民間駐車場あり)

利根川の激流が生んだ渓谷美を満喫

B-2

B-1.美しい渓谷美と背後にそびえる山々とのコントラストが絵になる
B-2.10月下旬からは紅葉シーズン。川の両岸の木々がオレンジや赤に染まる

甘い香りに包まれた紫の花じゅうたんにうっとり

C-2

C-3

C-1.7月上旬から8月下旬の約2か月間楽しめる。花摘みができるのは7月中旬～8月中旬頃　C-2.人気の「ラベンダーソフト」　C-3.早咲き、中咲き、遅咲きの品種があり、長く楽しめる

豪快な音をたてて流れ落ちる東洋のナイアガラ

WAO!

D 高さ7m、幅30mにわたる滝。周辺には奇岩や観音堂などが点在

\PICK UP!/

## ヨーロッパの古城で**タイムトリップ気分！**

### ロックハート城　ロックハートじょう

スコットランドの古城を移築・復元し、中世ヨーロッパの街並みを再現したテーマパーク。英国式庭園やレストラン、ショップなど見どころが充実！

**沼田** **MAP** 付録 P.10 B-4
☎0279-63-2101　無休　9:00～16:30(閉館は17:00)　1300円　高山村中山5583-1　JR沼田駅から中山本宿行きバスで20分、ロックハート城前下車すぐ　400台

外国にいるような写真が撮れる人気のフォトスポット。テレビのロケ地としても知られる

プリンセス体験も！

550着のドレスから選んで試着できる「プリンセス体験」で、夢の時間を♡ 1時間￥2,500

天神平と天神峠展望台を結ぶペアリフトでは夏のニッコウキスゲの開花時期に天空からお花見が楽しめる。

Play in Nature

## 自然のなかで遊んで気分爽快！
# ウォーターアクティビティをENJOY

みなかみには川や湖で思いきり遊べるアクティビティがいっぱい！
ダイナミックな自然のなかに飛び込んで、とっておきの思い出をつくろう。

Splash!!!
Splash!!!
Splash!!!

利根川の急流に突入！ 激しい水しぶきや予測不能な川の流れに、大興奮間違いなし

アクティビティの王道！
スリル満点の激流下り

LET'S TRY!

Rafting ラフティング

**体験DATA**

### ラフティング半日コース

| | | |
|---|---|---|
| 期間 | 4月中旬～11月上旬 |
| ¥ 料金 | ¥6,000～ |
| 所要時間 | 約3時間 |
| 開始時間 | 9:30～、11:30～、13:30～ |

ガイドの安全講習を受け、7人乗りのボートで1時間の川下り。ウェットスーツは借りられるが、水着やタオルは持参しよう。

## ネイチャー・ナビゲーター

経験豊富なガイドがベストなコースを選んで案内してくれる。ラフティングツアーは午前・午後の半日コースのほか、ランチや温泉入浴券付の1日コース、バーベキュー付のパックなども用意している。

みなかみ ▶MAP付録 P.13 B-2

☎0278-72-5923 休11月中旬～4月上旬 営4月中旬～11月上旬8:00～20:00 ♀みなかみ町小日向260-1 ♥JR上毛高原駅・水上駅から送迎あり（要予約） Ｐ20台

OTHER ACTIVITY キャニオニング、カヌー、スノーシュー

激流をクリアしよう▶

みんなで協力しよう♪

step1 安全講習を受ける
受け付けと着替えを済ませたら、川岸でガイドによる安全説明。しっかり聞いておこう

LET'S GO!

step2 いよいよ出発！
座り方、パドルの漕ぎ方などを練習し、各ボートに乗り込んで出発！ 記念撮影もしてくれる

JUMP!!!

step3 渓流下り＆水遊びを楽しむ
最初はドキドキの川下りにも徐々に慣れて大はしゃぎ！ ゴールに着いたら川遊びも楽しんで

※P.90～91の休はウォーターアクティビティの休業期間を表示しています。

全身を使って水と戯れる
天然のウォータースライダー

# Canyoning キャニオニング

Cool!!

ライフジャケットを装着して、滝や沢を滑り降りる。コースは直線や曲線などさまざま

Experience
ウォーターアクティビティ

## 体験DATA

### キャニオニング半日コース

| | | |
|---|---|---|
| 期 | 期 間 | 4～11月 |
| ¥ | 料 金 | ¥7,500～ |
| ⏱ | 所要時間 | 約3時間 |
| ⏱ | 開始時間 | 8:30～、11:00～、12:30～ |

ガイドにならって沢下りや滝へのダイブを楽しむ。水着、タオルは持参。

## フォレスト&ウォーター

参加者が必ず楽しめることをモットーに、一年を通してさまざまなツアーを展開。カヌーツアーは自然との一体感を感じながらゆっくり川を進んでいくので、体力に自信がない人も楽しめる。

みなかみ **MAP** 付録 P.10 B-1
☎0278-72-8017 休11～3月 駐4
～10月8:00～17:00（天候により変動あり）♀みなかみ町湯檜曽191-12
🚌JR上毛高原駅・水上駅から送迎あり（要予約）Ｐ20台

OTHER ACTIVITY ラフティング、キャニオニング、スノーシュー

## 体験DATA

### カヌー半日コース

| | | |
|---|---|---|
| 期 | 期 間 | 5月中旬～10月 |
| ¥ | 料 金 | ¥7,150～ |
| ⏱ | 所要時間 | 約3時間30分 |
| ⏱ | 開始時間 | 8:45～、13:00～ |

コースの説明、カヌーの座り方、落ちたときの対処法などを聞いて出発。水着、タオルは持参。

ラフティングもおすすめ

## TOP水上カンパニー ♪
トップみなかみカンパニー

みなかみで初めてキャニオニングツアーを始めたパイオニア。みなかみを知り尽くした専門ガイドがフルサポートしてくれる。レベルに合わせてコースを選択できるので安心。

みなかみ **MAP** 付録 P.10 B-1
☎0278-72-5086 休11月中旬～4月上旬
⏱4月中旬～11月上旬8:00～19:00
♀みなかみ町網子170-1 🚌JR上毛高原駅・水上駅から送迎あり（要予約）Ｐ50台

OTHER ACTIVITY ラフティング、カヌー、ハイドロスピード、スノーシューなど

雄大な自然を眺めながら
ゆっくりと船を進める

# Canoe カヌー

ENJOY CANOEING

みなかみ奥地のダム湖、奈良俣湖などをカヌーを操りながら進む。4歳から参加できるので、家族連れにもおすすめ

Move Enjoy♪ ほかにもこんな**アクティビティ**が！

# Snow Shoe スノーシュー

## ▌フォレスト&ウォーター

かんじきのような歩行具を装着して、ふわふわの新雪の上を歩く。ガイドの解説はもちろん、ソリ遊びや雪へのダイブも楽しい。

### スノーシュー半日コース

📅12月下旬～3月9:00～、12:45～ ¥5000円～

## バンジージャパン
## みなかみバンジー

# Bungy Jump バンジージャンプ

利根川から地上約42mの高さに架かる諏訪峡大橋からダイブ！勇気と度胸が試されるドキドキの体験だ。成功すると認定証がもらえる。

みなかみ **MAP** 付録 P.13 B-2
☎0278-72-8133
休火・水曜（変動あり、要問い合わせ）
⏱9:00～17:30（最終受付は16:00）
¥1万2000円
♀みなかみ町小日向143
🚌JR水上駅から上毛高原駅行きバスで6分、諏訪神社前下車、徒歩5分
Ｐ20台

LET'S DIVE!!!

91 年齢や体重、健康状態など、ツアー参加の基準がそれぞれ設けられている。予約時に参加可能か確認を。

おいしい地元食材がたっぷりの料理でおなかいっぱい

Lunch Time

絶品ランチを召し上がれ

# 風薫るみなかみでこだわりメニューを

自然豊かで雄大な風景が広がるみなかみ。爽やかな風を感じながら、
カフェのテラス席や眺望のよいレストランで、こだわりのメニューをいただこう。

menu
手作りソーセージの焼きカレー
¥1,300

創業以来の人気の味
名物の焼きカレー♪♪

## カフェレストラン亜詩麻
カフェレストランあしま

北欧風のカフェ&レストラン。自家製スパイスでじっくり煮込んだカレールーに、地元産の卵とチーズをのせ、オーブンで焼いた焼きカレーが人気メニューだ。きのこ、手作りソーセージなど、トッピングで味わいもさまざま。

**みなかみ** ▶ **MAP** 付録 P.13 A-1
☎0278-72-3326 🈑水曜
🕐11:00〜16:00(土・日曜、祝日は〜19:00)
📍みなかみ町湯原146 🚉JR水上駅から徒歩10分 🅿15台

1.多種類のスパイスを使ったオリジナルのルーを使って焼き上げた、ここでしか食べられない味 2.高原の風が気持ちいいテラス席はペット連れでも利用できる 3.山小屋風の落ち着いた店内。平日は数量限定のランチプレートを提供 4.亜詩麻オリジナルのアップルクランブル¥600、ドリンクセットは¥800

爽やかなテラス席でアッツアッツピザを

menu
ラ・ビエール(きのこのピザ)
¥1,683

## 窯焼きピザの店
## ラ・ビエール
かまやきピザのみせラビエール

オープンデッキのテラス席もある温泉街のピザ店。おいしいみなかみの水を使って仕上げた生地とイタリア産のモッツァレラチーズを使うなど、材料にもこだわっている。ピザのラインナップやスイーツも充実している。

**みなかみ** ▶ **MAP** 付録 P.13 A-1
☎0278-72-2959 🈑火曜(祝日の場合は翌日休)、第2水曜 🕐11:00〜14:30(閉店は15:00)、17:30〜20:00(閉店は20:30)📍みなかみ町湯原681-3
🚉JR水上駅から徒歩15分 🅿4台

1.地元みなかみ産のブランド舞茸「すくよか」を使用した一番人気のオリジナルピザ 2.テラス席はペット同伴OK(冬季は閉鎖)。ピザはテイクアウトもできる 3.地元の職人が手掛けたという木のぬくもりが感じられる店内

## 美しい田園風景とともに大地の味を堪能

menu
季節のランチコース
¥2,500

*Delicious!*

1. 前菜とサラダ、メイン、デザートなどが付く。季節の野菜やフルーツがたっぷり
2. 小高い丘にあり眺望抜群

*Gourmet*

こだわりメニュー

# TiA Tree Orchard & Cafe
ティアツリーオーチャードアンドカフェ

赤城山を背景に、広い台地を眺望できる丘にたたずむ。周辺は果樹園やハーブ園に囲まれ、まるでフランスの田園地帯にいる気分に。人気店なので予約がおすすめ。

川場 ▶ MAP 付録 P.11 C-3 🈺®

☎0278-52-3556 🈳月～木曜（祝日の場合は営業）、12月～4月上旬 📅4月中旬～11月11:00～16:00（ランチは～14:00、閉店は17:00）🚩川場村川場湯原2453-3 🚃JR沼田駅から川場循環バス左回りで28分、別所下車、徒歩8分 🅿12台

---

# 農家レストラン みのりの里
のうかレストランみのりのさと

料理のメインは低農薬で育てた旬の野菜たち。自然のなかで採れたての野菜のおいしさを体感してほしいと、体験農園や農家民宿も併設している。

片品 ▶ MAP 付録 P.11 D-2

☎0278-58-3538 🈳月曜、第3水曜（祝日の場合は営業、振り替え休あり）、11月下旬～4月中旬 📅4月中旬～11月最終日曜の11:00～14:30（閉店は15:00）🚩片品村菅沼360 🚃JR沼田駅から鎌田・戸倉方面行きバスで55分、鎌田下車、徒歩18分 🅿30台

1. 木々に囲まれた小さな店　2. テラス席のほか、ミニドッグランも併設　3. トマトやズッキーニの酸味や甘み、濃厚な味が広がる

自家栽培の野菜が主役！農園が営むレストラン

menu
ライ麦ピッツァ
¥1,750

*NATURAL*

---

& MORE　話題のみなかみスイーツもCheck！

山並みを眺めながら焼きたてタルトを

### ジャック・ザ・タルト ファンタジー！

群馬県産の小麦粉やみなかみ産のフルーツなどを使った焼きたてタルトの専門店。季節限定商品を含め、常時10種類以上をそろえる。開放的なテラスで味わおう。

みなかみ ▶ MAP 付録 P.13 A-2

☎0278-72-8181 🈳火曜 📅10:00～17:30、土・日曜、祝日は～18:30（タルトが売り切れ次第閉店）🚩みなかみ町川上124-1 🚃JR水上駅から車で6分 🅿20台

タルト | 個 ¥290 ～
左から紅芋、チーズ、パンプキン。持ち帰りも可能
※商品は季節により変動あり

地元の素材を生かしたかわいいスイーツ店

### アーモンドプードル

素材にこだわった自家製プリンと焼き菓子が人気の店。プリンは持ち帰りもできるが、店内のイートインスペースでいただくと生クリームをトッピングしてくれる。

みなかみ ▶ MAP 付録 P.13 A-1

☎0278-25-3084 🈳不定休 📅13:00～17:00 🚩みなかみ町湯原681 🚃JR水上駅から徒歩15分 🅿なし

焼き菓子 ¥440 ～
タルトなどの焼き菓子を日替わりで販売

とろ～りとろけるみなかみプリン
¥440
群馬県産の牛乳と卵を使用。とろける食感がたまらない

---

「窯焼きピザの店 ラ・ビエール」では、姉妹店「アーモンドプードル」の人気メニューもデザートで食べられる。

Open-air Bath

日帰りでもOK！山あいの一軒宿

# 宝川温泉の大露天風呂でリフレッシュ

水上温泉郷からさらに利根川を上った先、深い山の中にひっそりとたたずむ一軒宿。
秘湯好きからも高い人気を誇る自然に囲まれた露天風呂で、気軽な日帰り入浴を楽しもう。

最高のロケーションで掛け流しの湯をたっぷり堪能

開放感バツグン、自然を感じながら癒されましょう♪

## 日帰り入浴DATA

| ¥ | 料　金 | ¥1,500 |
|---|---|---|

| ⏱ | 時　間 | 10:00〜16:30（最終受付は16:00、利用は4時間まで） |
|---|---|---|

※15:00までの入館が望ましい

| 風呂 | 内湯2 ／ 露天4 ／ 貸切なし |
|---|---|
| タオル | ○（有料） | ドライヤー | ○ |
| シャンプー | ○ | ボディソープ | ○ |

1. 自慢の混浴露天風呂。四季の移ろいを肌に感じられる　2. 春は渓流沿いのヤマザクラが見事に咲き誇り、花見気分が楽しめる

3. 雪深い冬ならではの風流な雪見風呂。心も体も温まる

冬　3

春　2

# 宝川温泉 宝川山荘
たからがわおんせんたからがわさんそう

みなかみから車で **40**分

宝川温泉の一軒宿「汪泉閣」の立ち寄り温泉施設。奥利根の渓流沿いに、川のように大きな露天風呂が4つある。美肌効果があるという湯量豊富な掛け流しの源泉を、ゆっくり堪能したい。

**みなかみ** ▶ **MAP** 付録 P.11 C-1

☎0278-75-2614　休 不定休　♀みなかみ町藤原1899
♨JR水上駅から湯の小屋行きバスで30分、宝川入口下車、徒歩30分（宝川入口から送迎あり、要予約）
🅿150台

SNOWSCAPE

Quaint bath

## 雰囲気バツグン！
## 4つの大露天風呂

混浴露天風呂が3つ、女性専用露天風呂が1つあり、総面積はなんと470畳。絶景とともに湯めぐりを楽しめる。

子宝の湯
（200畳／混浴）

摩訶の湯
（120畳／混浴）

般若の湯
（50畳／混浴）

摩耶の湯
（100畳／女性専用）

1. 宝川温泉を代表する湯。秋は見事な紅葉に囲まれる　2. 川の向こう側にあり、最大の広さを誇る。映画『テルマエ・ロマエⅡ』のロケ地にもなった　3. 最も小さい湯だが情緒はたっぷり。湯船が浅く子ども連れにも安心　4. 唯一の女性専用風呂。脱衣所には床暖房も完備している

Healing

宝川温泉の大露天風呂

## 隣接の
## 汪泉閣で宿泊も♪

宝山山荘と川を挟んで対岸にあり、吊り橋で向かう旅館。宿泊者はチェックインから夜24:00まで、朝は5:00から入浴可能なので、ゆっくりと過ごしたい人はぜひ宿泊を。

**■宝川温泉 汪泉閣**
たからがわおんせんおうせんかく

☎0278-75-2611
**IN** 14:00　**OUT** 10:00
¥1泊2食付1万8850円〜　圏和42

Stately

1. 本館、東館、第一別館に分かれ、それぞれ異なる雰囲気や景色が楽しめる
2. 好きな柄の浴衣を選んで過ごせるのもうれしい
3. 山の幸をたっぷり使った料理が味わえる。個室風のお食事処もある

男女とも専用の湯浴み着を着用して入浴するので、混浴も気兼ねなく入ることができる。

## Let's Study! ✐

高崎とだるまの関係って？

200年以上前に高崎市豊岡地区で始まり、だるま作りに適した気候から一大産地へと発展。眉には鶴、ひげには亀が描かれ、鮮やかな赤が特徴

**Go to Suburb**
ひと足のばして

かわいいフォルムの縁起モノ♡
# 高崎だるまSPOTめぐり

高崎は200年以上の歴史をもつ縁起だるまの発祥地。だるまの元祖である寺や、体験ができる工房をめぐって福を引き寄せよう！

Cute Omikuji ✳ ✳ ✳

クリエイターが手がけた
コロンとかわいいだるまみくじ

1

## 山名八幡宮
やまなはちまんぐう

安産・子育てにご利益があるとして知られる神社。平安時代に大分県の宇佐八幡宮を勧請し社殿を造営したのが始まりと伝わる。近年はクリエイターとコラボした社殿やカフェ、お守りなどがおしゃれと話題に。

`高崎` ▶ **MAP** 付録 P.3 C-4
☎ 027-346-1736
🕐 境内自由（社務所は9:30〜16:30）
📍 高崎市山名町1510-1
🚃 上信電鉄山名駅からすぐ 🅿 30台

お守りもかわいい♡ ♡ ♡

3

2

1. 山名八幡宮のロゴが入った「山名だるまみくじ」1個￥500　2. 境内は緑に囲まれ神聖な雰囲気　3. 山名八幡宮にまつわるモチーフがデザインされたお守り各￥700　4. 本殿に施された鮮やかな彫刻　5. 犬と竹籠で"笑"を表す「山名犬張り子」小￥800、大￥1,500

5

4

**WOW!!**

SNS映えも
バッチリ♪

だるまの山は迫力満点！
縁起だるま発祥の寺

1

# 少林山達磨寺
しょうりんざんだるまじ

約320年前に開創された禅寺。縁起だるまの元祖で、境内には古今東西のだるまを展示している達磨堂や、世界的建築家ブルーノ・タウトが住んでいた洗心亭などの見どころがある。

[高崎] ▶MAP 付録 P.13 A-4
☎027-322-8800 ⏱境内自由（寺務所お札場は9:00〜17:00）♀高崎市鼻高町296 ♥JR高崎駅から車で15分、またはJR群馬八幡駅から徒歩18分 🅿200台

1. 霊符堂（本堂）には願いを成就させたたくさんのだるまが納められている 2. 絵馬もだるまモチーフ 3. 正月の「七草大祭だるま市」では、境内は大にぎわいに

# だるまのふるさと大門屋
だるまのふるさとだいもんや

3

創業100年を誇る老舗有名店。高崎だるまを購入して、大切な思い出として完成させる絵付体験や記念に残る手形体験のほか、名入れ（12cm〜、即日持ち帰り可）も可能。

[高崎] ▶MAP 付録 P.13 A-4
☎027-323-5223 ⏱無休 ⏱9:00〜17:00 ♀高崎市藤塚町124-2 ♥JR群馬八幡駅から徒歩10分 🅿50台

1. 絵付体験¥1,500（要予約）で自分だけの高崎だるまを 2. 簡単にトライできる手形体験¥500（要予約） 3. 四季折々の最新デザインの高崎だるまも 4. 黄綬褒章受章職人が守る伝統工芸品・高崎だるまのことが楽しく学べる店

4

楽しく学びながら
だるまの絵付体験

手形にチャレンジ！

1

2

---

## LUNCHは高崎パスタで！

高崎にはパスタの店が大充実！レベルの高さを確かめてみて。

**What's 高崎パスタ**

人口あたりのパスタ店の数が全国的に多い高崎。年に一度、高崎No.1パスタを決めるイベントも開催

### シャンゴ問屋町本店
シャンゴとんやまちほんてん

地元で愛される老舗イタリアン。パスタメニューは数十種類あり、どれも量がたっぷりでリーズナブル。

[高崎] ▶MAP 付録 P.13 B-3
☎027-361-5269 ⏱月曜、第2火曜 ⏱11:00〜21:00（閉店は21:30）♀高崎市問屋町1-10-24 ♥JR高崎問屋町駅から徒歩15分 🅿30台

シャンゴ風
Mサイズ ¥1,470
上州麦豚のかつに秘伝のミートソースをかけた看板メニュー

高崎パスタをけん引する店

### ボンジョルノ

「パスタの街 高崎」を代表する老舗イタリアン。高崎パスタに加え、ピザや煮込み焼き、デザートも好評。

[高崎] ▶MAP 付録 P.13 B-3
☎027-362-7722 ⏱木曜、第2・4水曜 ⏱11:00〜21:00（閉店は21:30）♀高崎市筑縄町50-1 ♥JR北高崎駅からタクシーで10分 🅿45台

カッチャジョーネ
クリームポルチーニ ¥1,375
自家製カチャトラをトッピングしたオリジナルパスタ

多くのファンを持つ人気メニュー

レンゲツツジ

**6月上旬～中旬**

オレンジ色のツツジと新緑とのコントラストが見事

赤城山の山頂近くがオレンジ色に包まれる

1. 通常立ち入り禁止の牧場内をめぐる観賞ツアーを期間限定で開催している　2.「見晴山展望台」からの景色。遠くの景色も見渡せる

**Go to Suburb**
**ひと足のばして**

ベストシーズンに訪れたい！

# 赤城山麓 の花絶景

群馬の名峰、赤城山のふもとは広大な自然が広がり、季節の花々が咲き誇る。圧巻の景観をお見逃しなく。

## 赤城白樺牧場　あかぎしらかばぼくじょう

赤城山山頂近くの赤城白樺牧場には、10万株ものレンゲツツジが群生している。総合観光案内所や隣接する見晴山の展望台から、オレンジ色に染まる景色を眺めよう。

`赤城` ▶**MAP**付録 P.3 C-2

☎027-287-8061（赤城山総合観光案内所）　▶見学自由（赤城山総合観光案内所は4月中旬～11月中旬）　♀前橋市富士見町赤城山1-14　🚌JR前橋駅から赤城山ビジターセンター直通バスで55分、新坂平下車すぐ（平日は富士見温泉乗り換え）　🅿90台

**CHECK**

## 赤城山麓のグルメSPOT

### 林牧場 福豚の里 とんとん広場
はやしぼくじょうふくぶたのさととんとんひろば

林牧場で育てられた銘柄豚、福豚をとんかつやステーキ、カレーなどさまざまな料理で楽しめる。加工食品を扱うショップもある。

やわらかくジューシーな福豚を味わおう

`赤城` ▶**MAP**付録 P.3 C-3

☎027-283-2983　▶無休　♀施設により異なる　♀前橋市三夜沢町534　🚌上毛電鉄大胡駅から車で15分　🅿50台

「ポークステーキセット（きのこ）」¥1,900

### 風の庵　かぜのいおり

風味豊かな石臼粗挽き十割そばが味わえる店。ほかにも山菜の天ぷらや山椒味噌の田楽など、地元の味が堪能できる。

赤城の水で打つ十割そば

`赤城` ▶**MAP**付録 P.3 C-2

☎027-287-8415　▶不定休　⏰10:30～日没　♀前橋市富士見町赤城山1-2　🚌JR前橋駅から富士見温泉経由赤城山ビジターセンター行きバスで1時間10分、覚満淵入口下車すぐ　🅿5台

「石臼挽き粗挽き十割そば」¥950

1000本の桜が並ぶピンク色のトンネル

桜は樹齢約60年のソメイヨシノ

**桜**

**4月上旬～中旬**

フォトジェニックな桜のトンネル。晴れの日は特に映える

## 赤城南面千本桜　あかぎなんめんせんぼんざくら ▶

1.3kmの通り沿いにおよそ1000本の桜並木が続く、群馬を代表する花見スポット。夜にはライトアップもされてにぎやかに。隣接する公園では、菜の花や37種類の桜も楽しめ、イベントも開催される。

`赤城` ▶**MAP**付録 P.3 C-3

☎027-235-2211（前橋観光コンベンション協会）　▶見学自由　♀前橋市苗ヶ島町　🚌上毛電気鉄道大胡駅から車で20分　🅿990台

World Heritage

明治時代へタイムスリップ！

## 世界遺産、富岡製糸場へ
### 日本の絹産業の歴史を紐解く

創業当初の主要な建造物が残り、世界遺産にも登録された富岡製糸場。
工場で働いていた工女たちにも思いを馳せながら、絹産業の歴史に触れてみよう。

日本の絹産業の技術を
垣間見られる貴重な工場

### 繰糸所（そうしじょ）

繭から生糸を取る作業場。創業
時は300名の工女が作業できる
世界最大級の規模を誇った

2階は繭の貯蔵に使われていた。
現在、1階を資料展示室（ギャラ
リー）として公開

### 西置繭所（にしおきまゆしょ）

### 東置繭所（ひがしおきまゆしょ）

1階は事務所や作業所として、2階
は繭を貯蔵する場所として使用。現
在は展示ギャラリーとなっている

### ガイドツアー

施設の見どころや歴史について場内
をまわりながら解説してくれる。よ
り深く学べるのでおすすめ。

🕐9:30〜16:00の30分おき（12:00、
12:30を除く）、11〜3月は〜15:30
※所要時間約40分　¥200円

画像提供 富岡市

## シルクみやげをCheck!

シルク石けん（ミニサイズ）　¥580、
ケース入り（ミニサイズ）　¥740
シルクから抽出したフィ
ブロインという素材の保
湿効果でしっとり肌に

**富岡製糸場売店**
とみおかせいしじょうばいてん

🚇富岡 ▶MAP付録 P.2 B-4
📞0274-67-0075（総合案内所）
🈺無休　🕐9:00〜17:00　📍富岡市富岡
1-1　🚃上信電鉄上州富岡駅から徒歩15
分　🅿市営駐車場を利用

シルク・ド・らやき　1個¥260
富岡産の繭から
きたシルクを練り
込み、フランス産
の砂糖を使用

**まゆ菓優 田島屋 製糸場前店**
まゆかしゆうたじまやせいしじょうまえてん

🚇富岡 ▶MAP付録 P.2 B-4
📞0274-62-1134（本店）　📍富岡製
🈺糸場休業日　🕐9:00〜17:00　📍富岡製
岡34-1　🚃上信電鉄上州富岡駅から徒
歩15分　🅿なし

### 🏯富岡製糸場　とみおかせいしじょう

明治初期に政府が創設した官営模範製糸
場。先進的器械を導入し、日本の生糸生
産の質と量の向上に大きく貢献した。
2014年6月「富岡製糸場と絹産業遺産群」
として世界遺産に登録された。

🚇富岡 ▶MAP付録 P.2 B-4
📞0274-67-0075　🈺無休
🕐9:00〜16:30（閉館は17:00）　¥1000円
📍富岡市富岡1-1　🚃上信電鉄上州富岡駅から徒
歩15分　🅿市営駐車場を利用

# ご当地ネタまるっとお届け

## 群馬

# シモトーク

地元ツウに聞いた群馬のディープネタを一挙ご紹介！ 一日遊べる道の駅から、全国に誇る名産品の工場、グンマーなら誰もが知っている常識まで、これを見れば群馬の魅力にますますハマっちゃうかも!?

---

## まるでテーマパーク!?
# 群馬の道の駅がスゴイ！

1

群馬の魅力はまだまだいっぱいありますよ！グンマーいちおしネタを一挙ご紹介します。

### わたしが教えます！

群馬出身の編集者
Ayako Nakajima

### 道の駅 ららん藤岡　みちのえきららんふじおか
テーマパークを思わせるハイウェイオアシス。地元の名産品などの物販店や飲食店、子ども向けの遊園地など充実の施設を誇り、一日中遊べる。

藤岡 ▶MAP 付録 P.3 C-4
☎0274-24-8220　休施設により異なる　食農産物直売所9:00～18:00(店舗により異なる)　♀藤岡市中1131-8　◾JR群馬藤岡駅から市内循環バス左回りで17分、ららん藤岡下車すぐ　P610台

### 道の駅 川場田園プラザ　みちのえきかわばでんえんプラザ
関東屈指の人気を誇る道の駅。地元のグルメやおみやげがそろうほか、プレイゾーンや体験工房など遊びスポットも充実し、年間250万人が訪れる。

川場 ▶MAP 付録 P.11 C-3
☎0278-52-3711　休施設により異なる　食9:00～18:00(施設、時期により異なる)　♀川場村萩室385　◾JR沼田駅から川場循環バスで30分、田園プラザ下車すぐ　P850台

1. 県内外から訪れるリピーターも多数
2. 「のむヨーグルト」150㎖ ¥160、900㎖ ¥700

1 2
3

1. 欧風食堂バンデミュールの「上州牛ビーフシチュー」¥2,750　2. 「30笑顔になれるトマトジュース」¥756　3. 遊園地の観覧車がシンボル

---

## 味も香りも一級品！
# 群馬のまいたけを食すべし

### まいたけTIPS
香り高く独特の歯ごたえが人気。手間ひまかけた群馬まいたけセンターのまいたけは、特に味や香りが良く栄養価も高い

### 買うならココ！

### 群馬まいたけセンター　ぐんままいたけセンター
まいたけ工場の無料見学と売店で試食が楽しめる。スーパーなどには卸さない「100日まいたけ」は、売店とネットのみで販売。加工品もおすすめ。

渋川周辺 ▶MAP 付録 P.9 D-4
☎0279-54-8976　休無休　※臨時休は要HP確認　食9:00～16:00　見見学無料　♀吉岡町上野田北野1329-435　◾JR八木原駅から車で10分　P20台

---

### できたての試食もできる♪

1. 工場内はガトーラスクの芳醇な香りが漂う　2. 見学のおみやげにガトーラスクとオリジナルステッカーがもらえる

### ガトーフェスタ ハラダ 本社工場
ガトーフェスタハラダほんしゃこうじょう

群馬みやげとして人気のガトーラスク「グーテ・デ・ロワ」の工場兼本社屋。ガトーラスクの製造工程が見学できるほか、直営店も併設している。

高崎 ▶MAP 付録 P.3 C-4
☎0120-060-137　休日曜(店舗は無休)　食10:00～17:00(工場見学の最終受付は16:40)　見見学無料　♀高崎市新町1207　◾JR新町駅から徒歩15分　P60台　※20名以上またはバスでの来館は要予約

## おもたせの定番！
# 大人気のガトーラスクの工場に潜入

# こんにゃくの魅力を深掘り!

### こんにゃくパーク

こんにゃくメーカーが運営するこんにゃくのテーマパーク。製造工程を見学したり、こんにゃくの歴史や雑学について学んだりできる。手作り体験も人気。

**甘楽** ▶**MAP** 付録 P.2 B-4
☎0274-60-4100 ■無休 ●9:00～17:00(閉館は17:30)、土・日曜、祝日は～17:30(閉館は18:00) ■入場無料 ●甘楽町小幡204-1 ●上信電鉄上州福島駅から車で5分 ■400台

1. カラフルなパークの入口 2. 人気のこんにゃく製品をショップで販売 3. こんにゃく粉で作られた「糖質0カロリーオフ麺」シリーズ 4. なんと無料のこんにゃくバイキング

#### こんにゃくマメ知識

**こんにゃくの原料って?**
原料はこんにゃくいも。生いもから作る風味豊かなタイプと、こんにゃく粉から作る白や黒のタイプがある。

**なぜ群馬はこんにゃくが有名なの?**
日照時間や土壌など、こんにゃくいも作りに適した群馬。全国の収穫量の95%と、圧倒的なシェアを誇る。

---

### 上毛かるた

群馬県の歴史、名物などをテーマにした群馬オリジナルのかるた。群馬県出身者は必ず一度は遊んだといわれ、大会も開催されている。レトロな絵柄のかるたで、群馬の知識を深めてみては。

# これ、グンマーの常識です!

*Must!*

(許諾第05-02106号)

### 意外と多い!?日本一

草津の温泉自然湧出量やだるまの生産量が全国1位であることはよく知られている。それ以外にも、こんにゃくいもの収穫量や国宝の埴輪の数など、実は群馬県が日本一を誇るものは意外と多い。

---

# 地元に愛されるウマイ店

*YUMMY!*
もつ煮

山盛りのご飯と味噌汁が付く「もつ煮定食」¥590。おみやげ用のもつも販売

### 永井食堂 ながいしょくどう

駅から離れた山道沿いにありながら、行列が絶えない人気店。看板メニューの「もつ煮」の具材はもつとこんにゃくのみというシンプルさ。くさみはまったくなく、味噌ベースのスープがくせになる。

**渋川** ▶**MAP** 付録 P.3 C-2
☎0279-26-3988 ■日曜、祝日 ●9:00～17:30(閉店は18:00)、土曜は～15:00(閉店) ●渋川市上白井4477-1 ●JR渋川駅から車で20分 ■40台

### 志多美屋本店 したみやほんてん

大正時代からの老舗で創業100年を超える。群馬名物のひとつであるソースかつ丼を最初に出した、ソースかつ丼の元祖。オリジナルのたれはウナギの蒲焼きがヒントになったという絶妙な味。

**高崎** ▶**MAP** 付録 P.3 D-3
☎0277-44-4693 ■木曜、第3金曜、第5水曜 ●11:00～14:00、17:00～20:00 ●桐生市浜松町1-1-1 ●JR桐生駅から徒歩13分 ■21台

#### ソースかつ丼

ひれかつをソースで味付けした「ソースかつ丼(ひれかつ4個入り)」¥990

焼きまんじゅう

秘伝のたれの味わいと食感がたまらない「焼きまんじゅう」1串¥240

### 原嶋屋総本家 はらしまやそうほんけ

前橋市民のソウルフードとして愛され続ける焼きまんじゅうの元祖。生地からたれ、焼き加減まで妥協なく仕上げる。

**前橋** ▶**MAP** 付録 P.3 C-3
☎027-231-2439 ■火曜(祝日の場合は翌日休) ●10:30～17:00(売り切れ次第閉店) ●前橋市平和町2-5-20 ●JR前橋駅から川原町北行きバスで8分、三中前下車、徒歩5分 ■15台

*WAO!*

# 一軒宿

関東屈指の温泉天国、群馬には、人里離れた秘境に数々の名湯が潜んでいる。一度は訪れたいとっておきの宿を厳選してご紹介！

D B A
C
草津温泉　伊香保温泉
高崎

---

ほうしおんせんちょうじゅかん
## Ⓐ 法師温泉 長寿館

里山にひっそりたたずむ
弘法大師ゆかりの秘湯

三国峠の山麓に建つ、「日本秘湯を守る会」の認定第1号になった温泉。国立公園内にあり、豊かな自然に囲まれている。鹿鳴館様式の「法師乃湯」が名物。

**みなかみ** ▶ MAP 付録 P.10 A-2
☎0278-66-0005　IN15:00　OUT10:30
¥1泊2食付1万9800円～　室和33　♥みなかみ町永井650　🚌JR上毛高原駅から猿ヶ京乗り換え法師温泉行きバスで1時間、終点下車すぐ　P30台

こんな温泉
弘法大師が巡行中に発見したと伝えられる混浴の「法師乃湯」は、国登録有形文化財。宿の開業は明治初期で、多くの文人も訪れた

風呂数 内湯3／露天1
日帰り利用 ○(11:00～13:30／水曜、ほか不定休／¥1,500)

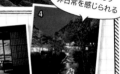

静かな山奥にあり
非日常を感じられる

1. 浴槽の底から自然湧出する「法師乃湯」。混浴だが20～22時は女性専用に　2. 総檜造りの「玉城乃湯」は男女入れ替え制。露天風呂もある　3. 国登録有形文化財の本館の客室　4. 木々に囲まれた宿。夏は涼しく、秋は紅葉が見事

---

木々の香りに包まれて
渓流沿いの湯に浸かる

木の香りとやさしい湯でリラックス

たんげおんせんみさとかん
## Ⓑ たんげ温泉 美郷館

滝や渓流が連続する反下川沿いの一軒宿。樹齢300年を超えるケヤキなど、良質な木材を贅沢に使った館内は、さわやかな木の香りでいっぱい。

**中之条** ▶ MAP 付録 P.2 B-2
☎0279-66-2100　IN15:00　OUT10:00　¥1泊2食付2万2000円～(入湯税別)　室和16、和洋1、露天付和1　♥中之条町上沢渡1521-2　🚌JR中之条駅から沢渡温泉行きバスで25分、反下口下車(バス停まで送迎あり、要予約)　P30台

こんな温泉
中之条町の山奥、反下地区に湧き出た鉱泉を利用し、約25年前にオープン。木のぬくもりにこだわった造りと、目の前に広がる渓流美が魅力

風呂数 内湯3／露天1／貸切(露天)2
日帰り利用 ×

1. 湯船のすぐ横を清流が流れる露天風呂「滝見の湯」
2. 木造の壁にはめこまれたステンドグラスが輝く大浴場「瀬音の湯」　3. 周辺を渓谷や山々に囲まれた隠れ家的な旅館

# 一度は泊まってみたい！秘境の

温泉天国•群馬
ならでは

群馬の秘湯には、知る人ぞ知
る評判の宿が充実しています。
まずはこちらの4軒からどうぞ！

編集部Staff
Mai Doumae

わたしが教えます！

江戸情緒に包まれた
里山に湧き出る天然温泉

## C かやぶきの郷薬師温泉 旅籠
かやぶきのさとやくしおんせんはたご

浅間隠山の麓にひっそりたたずむ小さな郷のような宿。
日本人が培った歴史や文化が息づく、どこか懐かしい趣
ある空間で、ゆっくりと流れる心地よい時間を過ごせる。

東吾妻 ▶ MAP 付録 P.6 B-3
☎0279-69-2422 IN15:00 OUT10:00
¥1泊2食付2万7500円〜 ■和17、半露天付和10
♀東吾妻町本宿3330-20 ♣JR中之条駅から車で40分
P80台

こんな温泉♪
薬師温泉とはこの地に二百余年前より自噴す
る天然温泉で、寛政5(1793)年に旅の行者、
温泉坊宥明が発見したと伝えられている

風呂数 内湯2／露天2／貸切2
日帰り利用 ○(薬師の湯〈内湯〉・滝見乃湯〈露天〉
11:00〜14:00／水曜休／¥1,100)

江戸時代の旅籠に
タイムスリップ！

1. 温川の滝を望む露天風呂「滝見乃湯」。夜はライトアップされ幻想的に
2. 採れたての地場野菜などが盛り込まれた囲炉裏会席。茅葺き家屋で楽
しめる 3. 春は桜、秋は紅葉など四季折々の美しさを見せる

源頼朝の伝説が残る
囲炉裏料理が自慢の宿

## D 囲炉裏の御宿 花敷の湯
いろりのおやどはなしきのゆ

山深い秘湯ムードが漂う宿。野趣あふれる露天風呂は
完全貸切制で、秘湯の湯浴みを堪能できる。夕食は、
囲炉裏端で旬の食材を味わう囲炉裏創作懐石料理を。

中之条 ▶ MAP 付録 P.6 B-1
☎0279-95-5307 IN14:00 OUT10:30
¥1泊2食付2万900円〜 ■和洋3、露天付和洋1
♀中之条町入山花敷1533 ♣JR長野原草津口駅から
花敷温泉行きバスで35分、終点下車すぐ P20台

こんな温泉♪
鎌倉時代、狩りに訪れた源頼朝が、
湯一面に浮かぶ桜の花びらを見て
名付けたという伝説が残る。広々
とした静かな客室は全4室のみ

風呂数 内湯2／貸切(露天)2
日帰り利用 ✕

巨木を柱に使った
趣ある食事処

1. 2つある無料の貸切風呂。源泉掛け流しの湯をゆっくり楽
しめる 2. 囲炉裏端でじっくり焼くいわななどの川魚は格別
3. 夕食は銘木が配された別邸の「囲炉裏の庵」でいただく

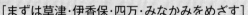

**HOW TO GO TO KUSATSU, IKAHO, SHIMA, MINAKAMI**

## ACCESS GUIDE 交通ガイド

# DEPARTURE

［まずは草津・伊香保・四万・みなかみをめざす］

草津

---

**ココだけは
おさえたい！
Key Point**

◆群馬に空港はないので、首都圏から電車orバスで各エリアに向かう。
◆電車もバスも本数が少ないので、事前に時刻表の確認を。
◆近県からは車で向かうのが自由度も高くおすすめ。(付録P.14・15もCHECK！)

---

**1st STEP** *RECOMMENDED ACCESS TO TOKYO* まずは東京近郊へ

| 出発地<br>Origin | 交通機関<br>Transportation<br>✈AIR 🚆TRAIN 🚌BUS | 運行会社<br>Operation | 所要時間<br>Time to Destination<br>⏱TIME | 通常運賃<br>Normal Fare<br>¥PRICE | 便数<br>Frequency |
|---|---|---|---|---|---|
| 札幌 SAPPORO | ✈ 新千歳ー羽田 | ANA／JAL／ADO／SKY | 1時間40分 | ¥47,490 | 毎時2～7便 |
| 仙台 SENDAI | 🚆 仙台ー大宮 | はやぶさ | 1時間10分 | ¥10,870 | 毎時1～4本 |
| 名古屋 NAGOYA | 🚆 名古屋ー東京 | のぞみ | 1時間35分 | ¥11,300 | 毎時2～11本 |
| 大阪 OSAKA | 🚆 新大阪ー東京 | のぞみ | 2時間35分 | ¥14,720 | 毎時4～11本 |
| 福岡 FUKUOKA | ✈ 福岡ー羽田 | ANA／JAL／SKY／SFJ | 1時間30分 | ¥51,850 | 毎時2～5便 |

*From Haneda Airport & Tokyo Station* 羽田空港＆東京駅から各ターミナルへ

羽田空港ー品川駅 京急線快特／JR山手線
東京駅 40分・¥510
上野駅 50分・¥540
新宿駅 45分・¥540
渋谷駅 40分・¥510

東京駅
JR山手線 上野駅 8分・¥170
JR中央線 新宿駅 14分・¥210
地下鉄丸ノ内線 赤坂見附駅 地下鉄銀座線 渋谷駅 19分・¥210

---

## *RECOMMENDED ACCESS TO KUSATSU* 東京近郊から草津へ

| 出発地<br>Origin | 交通機関<br>Transportation<br>✈AIR 🚆TRAIN 🚌BUS | 運行会社<br>Operation | 所要時間<br>Time to Destination<br>⏱TIME | 通常運賃<br>Normal Fare<br>¥PRICE | 便数<br>Frequency |
|---|---|---|---|---|---|
| 東京 TOKYO | 🚆 東京駅ー高崎駅ー長野原草津口駅 | JR上越・北陸新幹線「とき」「はくたか」ほか／JR吾妻線 | 3時間10分 | ¥6,630 | 毎時1～4本／毎時1本 |
| | 🚌 長野原草津口駅ー草津温泉バスターミナル | JRバス関東 | | | 毎時1～2便 |
| | 🚌 東京駅八重洲南口ー草津温泉バスターミナル | JRバス関東「上州ゆめぐり号」 | 4時間50分 | ¥4,000 | 1日5便 |
| 上野 UENO | 🚆 上野駅ー長野原草津口駅 | JR特急「草津・四万」 | 3時間10分 | ¥5,880 | 1日2～3本 |
| | 🚌 長野原草津口駅ー草津温泉バスターミナル | JRバス関東 | | | 毎時1～2便 |
| 新宿 SHINJUKU | 🚌 バスタ新宿（新宿駅新南口）ー草津温泉バスターミナル | JRバス関東「上州ゆめぐり号」 | 4時間5分 | ¥4,000 | 1日7便 |
| 渋谷 SHIBUYA | 🚌 渋谷マークシティー草津温泉バスターミナル | 東急トランセほか | 4時間50分 | ¥4,000 | 1日2～3便 |
| 大宮 OMIYA | 🚆 大宮駅ー長野原草津口駅 | JR特急「草津・四万」 | 2時間40分 | ¥5,040 | 1日2～3本 |
| | 🚌 長野原草津口駅ー草津温泉バスターミナル | JRバス関東 | | | 毎時1～2便 |

---

# RECOMMENDED ACCESS TO IKAHO 東京近郊から伊香保へ

| Origin<br>出発地 | Transportation<br>交通機関<br>✈AIR 🚆TRAIN 🚌BUS | Operation<br>運行会社 | Time to Destination<br>所要時間<br>🕐TIME | Normal Fare<br>通常運賃<br>💰PRICE | Frequency<br>便数 |
|---|---|---|---|---|---|
| 東　京 TOKYO | 🚆 東京駅－高崎駅－渋川駅 | JR上越・北陸新幹線「とき」<br>「はくたか」ほか／JR上越線 | 2時間15分 | ¥5,820 | 毎時1～4本／<br>毎時1～2本 |
| | 🚌 渋川駅－伊香保温泉 | 関越交通バス | | | 毎時1～4便 |
| 上　野 UENO | 🚌 上野駅－渋川駅 | JR特急「草津・四万」 | 2時間10分 | ¥4,670 | 1日2～3本 |
| | 🚌 渋川駅－伊香保温泉 | 関越交通バス | | | 毎時1～4便 |
| 新　宿 SHINJUKU | 🚌 バスタ新宿（新宿駅新南口）－伊香保石段街 | JRバス関東「上州ゆめぐり号」 | 2時間40分 | ¥3,000 | 1日7便 |
| 大　宮 OMIYA | 🚌 大宮駅－渋川駅 | JR特急「草津・四万」 | 1時間40分 | ¥3,640 | 1日2～3本 |
| | 🚌 渋川駅－伊香保温泉 | 関越交通バス | | | 毎時1～4便 |

# RECOMMENDED ACCESS TO SHIMA 東京近郊から四万へ

| Origin<br>出発地 | Transportation<br>交通機関<br>✈AIR 🚆TRAIN 🚌BUS | Operation<br>運行会社 | Time to Destination<br>所要時間<br>🕐TIME | Normal Fare<br>通常運賃<br>💰PRICE | Frequency<br>便数 |
|---|---|---|---|---|---|
| 東　京 TOKYO | 🚆 東京駅－高崎駅－中之条駅 | JR上越・北陸新幹線「とき」<br>「はくたか」ほか／JR吾妻線 | 2時間50分 | ¥6,530 | 毎時1～4本／<br>毎時1本 |
| | 🚌 中之条駅－四万温泉 | 関越交通バス | | | 毎時1～2便 |
| | 🚌 東京駅八重洲南口－四万温泉 | 関越交通バス「四万温泉号」 | 3時間45分 | ¥3,350 | 1日2便 |
| 上　野 UENO | 🚌 上野駅－中之条駅 | JR特急「草津・四万」 | 2時間55分 | ¥5,380 | 1日2～3本 |
| | 🚌 中之条駅－四万温泉 | 関越交通バス | | | 毎時1～2便 |

# RECOMMENDED ACCESS TO MINAKAMI 東京近郊からみなかみへ

| Origin<br>出発地 | Transportation<br>交通機関<br>✈AIR 🚆TRAIN 🚌BUS | Operation<br>運行会社 | Time to Destination<br>所要時間<br>🕐TIME | Normal Fare<br>通常運賃<br>💰PRICE | Frequency<br>便数 |
|---|---|---|---|---|---|
| 東　京 TOKYO | 🚆 東京駅－上毛高原駅 | JR上越・北陸新幹線<br>「とき」「たにがわ」 | 1時間40分 | ¥6,540 | 毎時1～2本 |
| | 🚌 上毛高原駅－水上駅 | 関越交通バス | | | 毎時1～2便 |
| | 🚆 東京駅－高崎駅－水上駅 | JR上越・北陸新幹線「とき」<br>「はくたか」ほか／JR上越線 | 2時間35分 | ¥5,920 | 毎時1～4本／<br>毎時1～2本 |
| 新　宿 SHINJUKU | 🚌 バスタ新宿（新宿駅新南口）－水上駅 | 関越交通バス「みなかみ温泉号」 | | | （現在運休中） |

## FOR DEPARTURE
### ★ TRAVEL TIPS ★ MOVED BY CAR 車でめざすなら

**Ⓐ練馬→草津**
（関越自動車道経由）
関越自動車道を100kmほど進み、渋川伊香保ICで高速を下りる。その先は国道を西へ約45km進む。国道292号に入ると上り坂になり、カーブも増えるので注意。
約160km・¥3,150

| 草津温泉 | 長野原（大津） 国道292号 | 渋川伊香保IC | 関越自動車道 | 練馬IC Ⓐ |
|---|---|---|---|---|

**Ⓑ練馬→伊香保**
（関越自動車道経由）
関越自動車道・渋川伊香保ICで高速を下りたあと、国道17号・県道35号を経由して上毛三山パノラマ街道（県道33号）に入る。ゆるやかな上り坂を進むと伊香保温泉の看板が見えてくる。
約115km・¥3,150

| 伊香保温泉 | 上毛三山パノラマ街道（県道33号） | 入沢 県道35号 国道17号 | 渋川伊香保IC | 関越自動車道 | 練馬IC Ⓑ |
|---|---|---|---|---|---|

## RESERVATION & CONTACT ✈ 予約をするなら

ⓇRESERVATION…予約　ⒸONTACT…問い合わせ

●飛行機
ⓇⒸ ANA（全日空）　📞0570-029-222
ⓇⒸ JAL（日本航空）　📞0570-025-071

●鉄道
Ⓒ JR東海テレフォンセンター　📞050-3772-3910
Ⓒ JR東日本お問い合わせセンター　📞050-2016-1600

●バス
Ⓒ JRバス関東高速バス案内センター　📞0570-048-905
ⓇⒸ 東急高速バス座席センター　📞03-6413-8109
Ⓒ 関越交通お客さまセンター　📞0279-23-3855

# ACCESS GUIDE交通ガイド
# ARRIVAL

[草津・伊香保・四万・みなかみに着いたらどう動く？]

---

ココだけは
おさえたい！
**Key Point**

◆エリア間の移動は電車&バスだと本数が少なく時間がかかるため、車がおすすめ。
◆公共交通機関を利用する場合、バス移動が多いので、時刻の確認はマスト。
◆草津〜伊香保間の移動には、新宿発着の直通バスも利用可能（予約不可）。

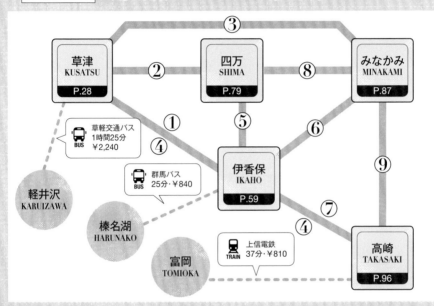

③

**草津**
**KUSATSU**
P.28

②

**四万**
**SHIMA**
P.79

⑧

**みなかみ**
**MINAKAMI**
P.87

①

🚌 草軽交通バス
1時間25分・
¥2,240

④

⑤

⑥

⑨

**軽井沢**
**KARUIZAWA**

🚌 群馬バス
25分・¥840

**伊香保**
**IKAHO**
P.59

**榛名湖**
**HARUNAKO**

⑦

④

**富岡**
**TOMIOKA**

🚋 上信電鉄
37分・¥810

**高崎**
**TAKASAKI**
P.96

---

草津へ行く

P.28

## ① 伊香保→草津　　IKAHO→KUSATSU

🚗 **クルマ（レンタカー）**　　**52km／1時間10分**
▶伊香保温泉→県道155号、県道35号、国道145号、国道292号→草津温泉

🚌 **バス（JRバス関東）**　　**1時間35分・¥1,050**
▶伊香保温泉→〈上州ゆめぐり号〉→草津温泉バスターミナル
▶1日7便（予約不可、当日空きがあれば乗車可能）

🚌🚋 **バス・鉄道（関越交通バス+JR吾妻線+JRバス関東）**　　**約2時間5分・¥2,240**
▶伊香保温泉→〈関越交通バス〉→渋川駅→〈JR吾妻線〉→長野原草津口駅→〈JRバス関東〉→草津温泉バスターミナル
▶毎時1〜4便／毎時1本／毎時1〜2便

---

**RENT・A・CAR レンタカーを借りる**

エリア間の移動は車が最も便利。マイカーを持っていない場合は、東京または現地でレンタカーを借りよう。草津なら長野原草津口駅、伊香保なら渋川駅に駅レンタカーなどの営業所がある。また、高崎駅前には多くのレンタカー会社の営業所がそろうので、高崎を起点にするのもあり。料金は基本料金が時制制で、24時間以降は1日単位。事前予約が望ましいが、直前でも予約を受け付けてもらえる場合も。借りる営業所と返す営業所は同じでなくてもよいが、その場合は乗り捨て料金が必要になる。駅レンタカーであれば、JRのきっぷとセットでお得になる「レール&レンタカー」がおすすめ。

## ⑧ みなかみ→四万　MINAKAMI→SHIMA

四万へ行く P.79

**クルマ（レンタカー）**　44km／1時間15分
▶水上温泉→国道291号、国道17号、県道53号、国道353号→四万温泉

**鉄道・バス**（JR上越線＋JR吾妻線＋関越交通バス）　約2時間10分・¥2,040
▶水上駅→〈JR上越線〉→渋川駅→〈JR吾妻線〉→中之条駅→〈関越交通バス〉→四万温泉
▶毎時1～2本／毎時1本／毎時1～2便

## ⑨ 高崎→みなかみ　TAKASAKI→MINAKAMI

みなかみへ行く P.87

**クルマ（レンタカー）**　60km／1時間5分
▶高崎駅→関越自動車道→みなかみ温泉

**鉄道（JR上越線）**　1時間5分・¥990
▶高崎駅→〈JR上越線〉→水上駅
▶毎時1～2本

---

## CONTACT

### 問い合わせをするなら

●鉄道
上信電鉄(鉄道部)　☎027-323-8073

●バス
群馬バス総合バスセンター(箕郷営業所)　☎027-371-8588
草軽交通（バス軽井沢営業所）　☎0267-42-2441

---

★ TRAVEL TIPS ★

🧳 MOVING IS TRAVELING
移動も旅の楽しみ♪
FOR ARRIVAL

《臨時列車「SLぐんまみなかみ」》 ABOUT SL GUNMA MINAKAMI

JR高崎駅～水上駅間の59.1kmを走行するSL。車窓から沿線の景色を眺めたり駅弁やイベントを楽しみながら、昔懐かしい鉄道の旅が体験できる。詳細は「JR東日本ののってたのしい列車」のHPで確認しよう。

**きっぷ代金**（乗車券＋指定席券）
▶高崎～水上（片道）¥1,830（大人）
**運転情報** 以下のウェブサイトをご確認ください
https://www.jreast.co.jp/railway/joyful/slgunma.html

高崎 ― 新前橋 ― 渋川 ― 沼田 ― 後閑 ― 水上

---

## ② 四万→草津　SHIMA→KUSATSU

草津へ行く

**クルマ（レンタカー）**　40km／1時間5分
▶四万温泉→国道353号、県道55号、国道292号→草津温泉

**バス・鉄道**（関越交通バス＋JR吾妻線＋JRバス関東）約1時間40分・¥2,180
▶四万温泉→〈関越交通バス〉→中之条駅→〈JR吾妻線〉→長野原草津口駅→〈JRバス関東〉→草津温泉バスターミナル
▶毎時1～2便／毎時1本／毎時1～2便

## ③ みなかみ→草津　MINAKAMI→KUSATSU

**クルマ（レンタカー）**　73km／1時間35分
▶水上温泉→関越自動車道、国道145号、国道292号→草津温泉

**鉄道・バス**（JR上越線＋JR吾妻線＋JRバス関東）約2時間30分・¥2,230
▶水上駅→〈JR上越線〉→渋川駅→〈JR吾妻線〉→長野原草津口駅→〈JRバス関東〉→草津温泉バスターミナル
▶毎時1～2本／毎時1本／毎時1～2便

## ④ 高崎→草津　TAKASAKI→KUSATSU

P.28

**クルマ（レンタカー）**　72km／1時間50分
▶高崎駅→国道17号、県道29号、国道406号、国道292号→草津温泉

**鉄道・バス**（JR吾妻線＋JRバス関東）約1時間55分・¥1,880
▶高崎駅→〈JR吾妻線〉→長野原草津口駅→〈JRバス関東〉→草津温泉バスターミナル
▶毎時1本／毎時1～2便

## ⑤ 四万→伊香保　SHIMA→IKAHO

伊香保へ行く

**クルマ（レンタカー）**　34km／55分
▶四万温泉→国道353号、県道35号、県道155号→伊香保温泉

**バス・鉄道**（関越交通バス＋JR吾妻線）約1時間50分・¥2,050
▶四万温泉→〈関越交通バス〉→中之条駅→〈JR吾妻線〉→渋川駅→〈関越交通バス〉→伊香保温泉
▶毎時1～2便／毎時1本／毎時1～4便

## ⑥ みなかみ→伊香保　MINAKAMI→IKAHO

**クルマ（レンタカー）**　52km／1時間5分
▶水上温泉→関越自動車道、国道17号、県道33号→伊香保温泉

**鉄道・バス**（JR上越線＋関越交通バス）約1時間10分・¥1,350
▶水上駅→〈JR上越線〉→渋川駅→〈関越交通バス〉→伊香保温泉
▶毎時1～2本／毎時1～4便

## ⑦ 高崎→伊香保　TAKASAKI→IKAHO

P.59

**クルマ（レンタカー）**　34km／55分
▶高崎駅→関越自動車道、県道164号、県道15号→伊香保温泉

**バス（群馬バス）**　1時間25分・¥1,170
▶高崎駅→〈群馬バス〉→伊香保案内所
▶1日5便

**鉄道・バス**（JR上越線＋関越交通バス）約55分・¥1,090
▶高崎駅→〈JR上越線〉→渋川駅→〈関越交通バス〉→伊香保温泉
▶毎時1～2本／毎時1～4便

# INDEX
## 草津 伊香保
## 四万 みなかみ

●Discovery ●Gourmet ●Shopping ●Healing ●Experience

── Special Thanks

\Thank you!/

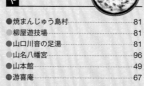

# COLOR PLUS
カラープラス

## 草津 伊香保 四万 みなかみ

**Director**
昭文社編集部

**Editor**
ティーケープランニング、
アーク・コミュニケーションズ

**Editorial Staff**
ティーケープランニング
（井上朋子、橋本美記）
アーク・コミュニケーションズ
吉祥さゆり

**Photogragh**
阿部雄介
アーク・フォト・ワークス
片桐圭、野田真
昭文社編集部（保志俊平）
PIXTA
ググッとぐんま写真館

**Art direction**
GRAPHIC WAVE

**Design**
砂川沙羅、ARENSKI

**Cover design**
ARENSKI（本木陽子）

**Character design**
shino

**Map design**
yデザイン研究所（山賀貞治）

**Map**
田川企画（田川英信）

**DTP**
明昌堂

**Proofreading**
三和オー・エフ・イー
五十嵐重寛

**Special thanks to**
関係各市町村観光課
観光協会
関係諸施設
取材ご協力の皆さん

2024年6月1日 2版1刷発行
発行人 川村哲也
発行所 昭文社

本社：〒102-8238 東京都千代田区麹町3-1
☎0570-002060（ナビダイヤル）
IP電話などをご利用の場合は ☎03-3556-8132
※平日9：00〜17：00（年末年始、弊社休業日を除く）
ホームページ：https://sp-mapple.jp/

**■本書ご利用にあたって**
●掲載のデータは、2024年2〜3月の時点のものです。変更される場合がありますので、ご利用の際は事前にご確認ください。諸税の見直しにより各種料金が変更される可能性があります。そのため施設により税別で料金を表示している場合があります。また、感染症に関連した各施設の対応・対策により、営業日や営業時間の変更、開業日の変更、公共交通機関の運行予定変更などが想定されます。おでかけになる際は、あらかじめ各イベント・施設の公式ホームページ、また各自治体のホームページなどで最新の情報をご確認ください。また、本書で掲載された内容により生じたトラブルや損害等については、弊社では補償いたしかねますので、あらかじめご了承のうえ、ご利用ください。
●電話番号は、各施設の問い合わせ用番号のため、現地の番号ではない場合があります。カーナビ等での位置検索では、実際とは異なる場所を示す場合がありますので、ご注意ください。
●料金について、入場料などは、大人料金を基本にしています。
●開館時間・営業時間は、入館締切までの時刻、またはラストオーダーまでの時刻を基本にしています。
●休業日は、定休日のみ表示し、臨時休業、お盆や年末年始の休みは除いています。
●宿泊料金は、基本、オフシーズンの平日に客室を2名1室で利用した場合の1人あたりの料金から表示しています。ただし、ホテルによっては1部屋の室料を表示しているところもあります。
●交通は、主要手段と目安の所要時間を表示しています。ICカード利用時には運賃・料金が異なる場合があります。
●駐車場は、有料・無料を問わず、駐車場がある場合は台数を表示しています。
●本書掲載の地図について
測量法に基づく国土地理院長承認（使用）R 5JHs 15-136503　R 5JHs 16-136503　R 5JHs 17-136503

※乱丁・落丁本はお取替えいたします。許可なく転載・複製することを禁じます。
©Shobunsha Publications,Inc.2024.6　ISBN 978-4-398-13650-3　定価は表紙に表示してあります。

# COLOR シリーズ

○札幌 小樽 美瑛 富良野
○函館
○仙台 松島
○日光 那須 宇都宮
○東京
○横浜
○鎌倉 江の島 逗子 葉山
○箱根
○伊豆 熱海
○草津 伊香保 四万 みなかみ
○軽井沢
○安曇野 松本 上高地
○金沢 能登
○飛騨高山 白川郷
○伊勢神宮 志摩
○京都
○大阪
○神戸
○奈良
○出雲大社 松江 石見銀山
○広島 宮島 厳島神社
○瀬戸内の島々 尾道 倉敷
○福岡 糸島
○長崎 ハウステンボス 五島列島
○沖縄 ケラマ諸島
○石垣島 竹富・西表・宮古島

…and more !

See you next trip!